疯狂腹肌

巧克力腹肌 8 周训练计划

精编视频学习版

柳磊 编著

人民邮电出版社

北　京

图书在版编目（CIP）数据

疯狂腹肌：巧克力腹肌8周训练计划：精编视频学习版 / 柳磊编著. -- 北京：人民邮电出版社，2023.8
ISBN 978-7-115-61764-4

Ⅰ．①疯… Ⅱ．①柳… Ⅲ．①健美运动－基本知识 Ⅳ．①G883

中国国家版本馆CIP数据核字(2023)第088983号

免责声明

本书内容旨在为大众提供有用的信息。所有材料（包括文本、图形和图像）仅供参考，不能替代医疗诊断、建议、治疗或来自专业人士的意见。所有读者在需要医疗或其他专业协助时，均应向专业的医疗保健机构或医生进行咨询。作者和出版商都已尽可能确保本书技术上的准确性以及合理性，并特别声明，不会承担由于使用本出版物中的材料而遭受的任何损伤所直接或间接产生的与个人或团体相关的一切责任、损失或风险。

内 容 提 要

腹肌训练是男士健身训练中最重要的内容之一，拥有完美的腹肌线条几乎是每位健身男士的梦想。本书针对这一锻炼需求，提出了为期 8 周的训练计划，旨在帮助锻炼者按照有效激活腹部肌肉、燃烧腹部脂肪和强化负重训练的顺序进行腹肌锻炼。此外，本书通过真人示范及解剖图解的形式，对训练计划中采用的训练动作的锻炼目标、执行步骤、技术要点和注意事项等内容进行了全面介绍，并免费提供了大部分训练动作的演示视频。

本书将帮助爱好健身的男士，以及想要强健腹肌、打造完美腹部线条的男士获得理想的锻炼效果。

◆ 编　著　柳　磊
　　责任编辑　刘　蕊
　　责任印制　彭志环
◆ 人民邮电出版社出版发行　　北京市丰台区成寿寺路 11 号
　　邮编　100164　　电子邮件　315@ptpress.com.cn
　　网址　https://www.ptpress.com.cn
　　涿州市般润文化传播有限公司印刷
◆ 开本：700×1000　1/16
　　印张：7.75　　　　　　　　　　2023 年 8 月第 1 版
　　字数：229 千字　　　　　　　2025 年 10 月河北第 8 次印刷

定价：39.80 元

读者服务热线：(010)81055296　印装质量热线：(010)81055316
反盗版热线：(010)81055315

在线视频访问说明

本书共提供了45个动作视频，且每个动作视频设有一个二维码。您可以按照如下步骤，通过微信"扫一扫"，扫描对应页面上的二维码观看单个动作视频。

步骤1

点击微信聊天界面右上角的"+"，弹出功能菜单（图1）。

步骤2

点击弹出的功能菜单上的"扫一扫"，进入该功能界面，扫描书中的二维码。

步骤3

扫描后可直接观看视频（图2）。

图1

图2

您也可以直接扫描右侧二维码添加企业微信，然后回复"61764"，即可直接观看全书动作视频。

CONTENTS 目录

第 3 章　8 周腹肌训练计划

第1章

关于腹肌训练的
基础知识

　　健身是有规划的、极具科学性的训练过程。对现代人来讲，健身已经不是小众运动。随着工作和学习压力越来越大，大多数人的身体会出现肥胖等问题。健身可以帮助人们改善体质，减脂塑形，让生活充满健康活力。

　　明确健身的目的，了解自己的身体，才可以有针对性地、科学地进行训练。而合理膳食可以让锻炼者少走弯路，获得理想的健身效果。

1.1 "腹肌" 具体包括哪些肌肉

腹肌就是腹部肌肉。人体的腹肌从内到外分为3层：腹横肌、腹内斜肌和腹外斜肌、腹直肌。

八块腹肌在哪里

通常所说的"六块腹肌"或"八块腹肌"其实是不准确的，这里所说的腹肌指的是腹直肌，而每个人只有一块腹直肌。通过一系列的训练，当体脂够少且肌肉壮硕时，腹直肌与白线、腱划之间的沟壑会越发明显，于是肉眼可以看见明显的块状腹肌。

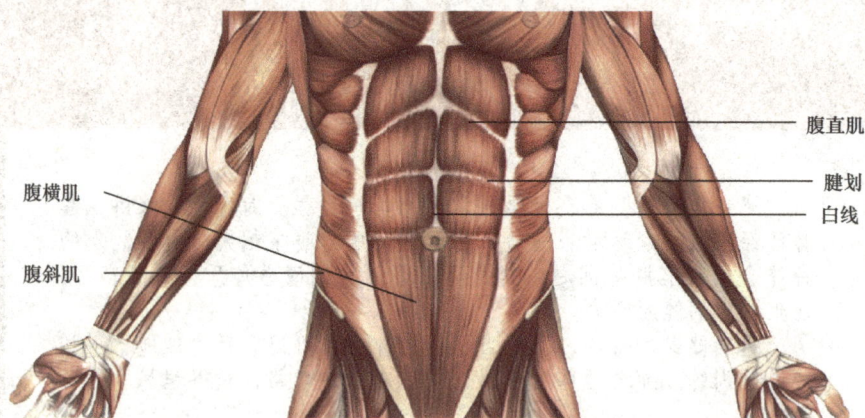

腹横肌 | 腹直肌 | 腱划 | 白线 | 腹斜肌

腹横肌	腹横肌位于腹部肌肉的最内层，肌纤维几乎是平行走向。该肌肉起于肋骨内侧面，止于白线，肌质较薄，主要作用是与其他腹肌协同收缩，增加腹压。
腹斜肌	腹斜肌包括腹内斜肌和腹外斜肌。腹内斜肌在腹外斜肌的深层，肌纤维由外下方向前内上方斜行；腹外斜肌在腹部前外侧面浅层，肌纤维由外上方向前内下方斜行，主要作用是使脊柱回旋和侧屈。练习这两块肌肉，可以使腹部肌肉线条更完美。
白线	白线是左右腹直肌鞘之前的一条间隔，分布在胸骨剑突与耻骨联合之间，由两侧的腹肌腱膜的纤维在腹前壁的正中交织而成，中部有脐。脐上白线较宽。
腹直肌	腹直肌位于外层，由腹外斜肌和腹内斜肌腱膜包覆，呈上下条状。腹肌的外形主要由腹直肌决定。腹直肌单侧收缩使脊柱侧屈，两侧同时收缩使脊柱前屈、骨盆后倾。
腱划	腱划是腹直肌上的结缔组织，把腹直肌分成几个肌腹。它们和包裹着腹直肌的腹直肌鞘浅层紧密结合，也有防止腹直肌收缩时移位的作用。

1.2 腹肌训练与核心训练的关系

提到腹肌训练，很多人可能会想到核心训练，其实二者是存在差异的。只有将腹肌训练和核心训练区分开，才能更有针对性、更高效地进行训练。

核心训练

目前人们非常重视核心训练，它包括核心稳定性训练和核心力量训练。它最初用于医学康复领域，近年来才被运用到健身和运动训练中。

核心稳定性训练指的是通过激活腹部周围肌肉及深层的稳定肌，以达到保持脊柱稳定目的的一系列训练。核心力量训练是指通过训练，提高核心肌群的力量和耐力，并且增强神经对肌肉的控制能力的一系列训练。

腹肌训练与核心训练的异同

核心训练以提高身体核心区的稳定性及力量为主要训练目的，旨在增强运动能力、提高运动效率，是针对整体功能进行提升的一系列练习手段。而本书中所涉及的腹肌练习，主要是以塑形为目的，针对四块腹肌进行的训练。

什么是人体的"核心"

从解剖学的角度来看，人体的"核心"既包括腰椎、骨盆和髋关节等骨骼，以及它们周围的韧带和结缔组织，也包括附着在这些骨骼上的肌肉。此外，人体的"核心"正好处于上肢和下肢的结合部位，是整个人体运动链的中心环节，具有承上启下的枢纽作用。一般认为核心肌群包括腹部、下背部及臀部肌群，这些肌肉的起点和/或止点附着在核心区域，主要起到稳定"核心"、保持姿态的作用，同时也会引起"核心"或肢体的运动。

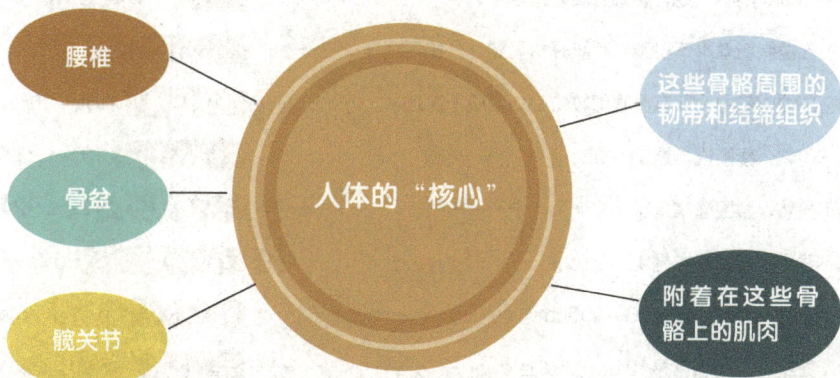

腰椎

骨盆

髋关节

人体的"核心"

这些骨骼周围的韧带和结缔组织

附着在这些骨骼上的肌肉

第1章

1.3 腹部线条与体脂率

肌肉的增长相对来说比较容易，如何使肌肉显示出来才是关键问题。想要拥有良好的腹部线条和肉眼可见的块状腹肌，降低腹部脂肪含量是十分重要的。因此，在练习腹肌的同时，还要配合降低体脂率的练习，并严格控制饮食。

体脂率

■ 体脂率与身体健康的关系

人体成分通常可分为脂肪组织和非脂肪组织两部分。体脂率是指脂肪组织的重量在人体总体重中所占的比例，又称体脂百分数。该指标可以反映人体内脂肪含量的多少。根据在体内分布位置的不同，身体脂肪又可以分为皮下脂肪和内脏脂肪。

■ 如何降低体脂率

随着科学技术的发展，人体成分的测量方法已逐步从最初的人体测量法、水下称重法发展到生物电阻抗法、双能X射线吸收法，以及磁共振成像（MRI）和CT扫描法等。每种测量方法都有各自的优缺点。目前生物电阻抗法已经比较普及，可以比较方便地知道自己的体脂率。

■ 男子体脂率与体型特点

- 臀大肌出现横纹（健美运动员最理想的竞技状态）————— 4%~6%
- 背肌显露，腹肌分块更加明显（健美运动员竞技状态）——— 7%~9%
- 全身各部位脂肪不松弛，腹肌分块明显 ————— 10%~12%
- 全身各部位脂肪基本不松弛，腹肌开始显露，分块不明显 ——— 13%~15%
- 全身各部位脂肪中，只有腰腹部较松弛，腹肌不显露 ——— 16%~18%
- 腹肌不显露，腰围通常是81~85cm ————— 19%~21%
- 腹肌不显露，腰围通常是86~90cm ————— 22%~24%
- 腹肌不显露，腰围通常是91~95cm ————— 25%~27%
- 腹肌不显露，腰围通常是96~100cm ——— 28%~30%
- 腹肌不显露，腰围通常是101cm及以上 ——— 31%及以上

特别说明 本书中腰围数据为四舍五入至个位的数据。

基础代谢

基础代谢（basal metabolism，BM）是指人体维持生命的所有器官所需要的最低能量。基础代谢的能量消耗构成人体能量消耗的重要部分，是研究人体能量消耗及能量需要的重要依据。基础代谢率（basal metabolic rate，BMR）指在基础代谢状态下单位时间内的能量代谢。可通过直接测定和公式估算获得BMR。直接测定方法是测量人体在清醒而又极端安静的状态下，不受肌肉活动、环境温度、食物和精神紧张等影响时的能量代谢率。正常人的基础代谢率是比较稳定的，一般男性稍高于女性，儿童和青年高于成年，并随年龄增长逐渐降低。

尽管直接测定基础代谢率是最准确的，但无论何种类型的代谢测量仪器均较为昂贵且操作复杂。因此，专家学者提出了一些BMR估算公式。

■ 基础代谢与体重和体脂的关系

我们每天都要摄入足够的能量来维持身体各部分器官的正常运作。当摄入量等于消耗量（基础代谢+运动消耗）时，可以维持体重和体脂不变；当摄入量小于消耗量（基础代谢+运动消耗）时，体重减轻，体脂减少；当摄入量大于消耗量（基础代谢+运动消耗）时，体重增加，多出的热量便转换为脂肪储存下来。因此，一个人在不改变摄入量的情况下，提升基础代谢可以消耗更多的热量，从而控制体重。

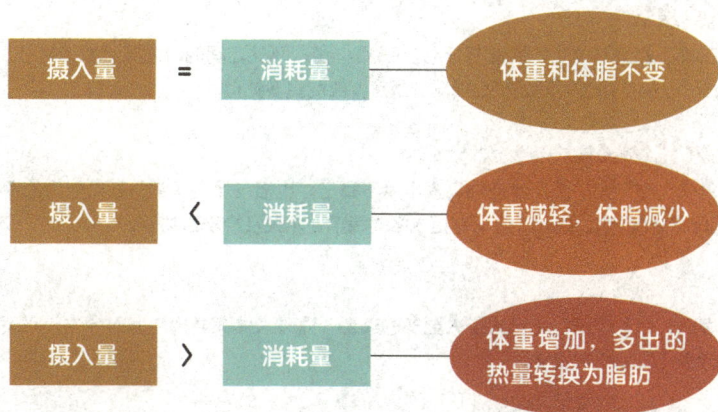

摄入量	=	消耗量	体重和体脂不变
摄入量	<	消耗量	体重减轻，体脂减少
摄入量	>	消耗量	体重增加，多出的热量转换为脂肪

■ 理想状态下基础代谢率的估算方法

女性	$655 + (9.6 \times 体重\,kg) + (1.8 \times 身高\,cm) - (4.7 \times 年龄)$
男性	$66 + (13.7 \times 体重\,kg) + (5.0 \times 身高\,cm) - (6.8 \times 年龄)$

如何提高基础代谢率

● **保证充足的食物摄入**

人体有维持正常体重的功能，因此，基础代谢率会主动去适应目前的身体状况。如果突然节食，或者大幅度减少摄入的热量，身体将长时间处于饥饿状态。为了维持基本的生理功能，基础代谢率将自动减缓，这不利于减脂和增肌。

● **加强力量训练**

力量训练是提高身体基础代谢率的最佳方式。随着年龄的增长，人体基础新陈代谢率会下降，但是通过力量训练可以刺激身体燃烧更多的热量，有效提高基础代谢率。

● **改掉不吃早餐的坏习惯**

早餐是三餐中与代谢及减脂关系最密切的一餐。人在睡眠时新陈代谢率会很低，只有到进食时才能恢复上升，如果忽略早餐，身体代谢就会随之推迟。

● **适量补充蛋白质**

摄取足量的蛋白质能够提高人体的新陈代谢水平，使人体每天燃烧更多的热量。但是要注意不能过量。保证每日摄入总热量的25%～35%来自蛋白质，可以维持饮食结构的平衡。

● **增加进食次数**

将一天三餐在总量不改变的情况下分成4～5顿小餐，两餐之间的时间要尽量保持在3小时之内，这样可以使身体长时间处于高代谢的状态，燃烧更多热量。

● **少吃碳水化合物**

精制碳水化合物，如白面，会使胰岛素水平不稳定，也相应促进了脂肪在机体内的存储，由此会降低新陈代谢率。因此，应该多摄入各类蔬菜、水果及全麦谷物等。

● **戒酒**

有研究表明，饭前喝酒能刺激人摄入更多的热量，同时人体在燃烧热量时会先代谢酒精中的热量，因而会削弱减脂效果。

● **多食用奶制品**

奶制品中的钙质与其他成分相互作用，可以有效提高人体的新陈代谢率，提高燃烧脂肪的速度。

● **适当吃些辣椒**

辣椒素会刺激机体释放肾上腺素，由此加速新陈代谢，从而提高人体消耗热量的能力。

● **保持充足睡眠**

睡眠不足会使新陈代谢功能变差，尤其是当睡眠不足4小时，人体分解碳水化合物将会更难，新陈代谢自然就会变慢。

减重和减脂

减重，顾名思义，就是使体重减轻。而对于要减肥的人来说，减重不是目的，减脂才是最终目标。

■ 减脂和减重的差别

减重与减脂有实质上的区别。有的时候体重下降，身形却没有变化，甚至体型会更差。其原因就在于盲目减重的时候，消耗的大部分是水，少部分是肌肉，而对脂肪的消耗微乎其微。这样，不仅身体的机能没有提高，反而损害原有的肌肉量，违背了健身的初衷。所以减重不是最终的目标，减少身体中的脂肪量、降低体脂率才是关键。

减体重　　减脂肪

■ 体重不能说明一切，体型好才是目标！

我们在衡量一个人的身材是否好的时候，不会关注他/她的体重，而是肉眼可见的曲线！在同样的体重下，全身脂肪与壮实肌肉两者的差异直观可见。所以，处于减脂塑形阶段时，不要对体重过于苛刻。因为当你刚开始健身增肌的时候，体重往往是上升的。

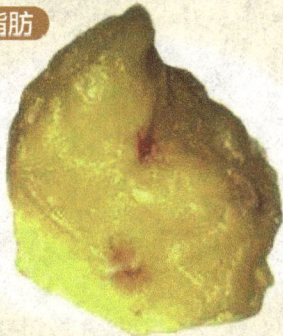

1kg脂肪

1kg肌肉

第1章

1.4 进行腹肌训练的同时如何控制饮食

俗话说"三分练七分吃"，在进行训练的同时，饮食的重要性不可小觑。那些依旧大吃大喝或选择节食的人在大量运动后，效果却往往不尽如人意，就是因为忽略了饮食的重要性。控制饮食的主要原则是"摄入的热量 < 消耗的热量"。

摄入足够的热量

无论是减脂还是增肌，都不建议用单纯节食的方法。只有合理膳食，并配合适当运动才是科学的健身方法。

■ 什么是节食

节食这个词来源于英文的"diet"，原指只吃特定的食物，通常是医生对病人提出的有针对性的饮食要求。而现在，大多数人对于节食的定义是吃很少，即控制饮食的量。

■ 节食能减肥吗

在短时间之内，节食确实可以起到减轻体重的效果，但往往减掉的是身体中的水分、营养，甚至是肌肉，而不是脂肪。这样的减肥建立在对身体造成极大损伤之上，并且效果难以维持，绝大多数会反弹。

■ 每天需要摄入多少热量

为了维持身体各器官正常的工作，我们每天都要摄入足够的能量。我们的基础代谢就是人体需要的最少的热量。但这还不够维持正常的工作、生活所消耗的额外的能量。例如，一成年男性的基础代谢是 1500 千卡（1卡约为4.19焦耳），那么在正常工作的情况下，一天可能需要 1800 ～ 2000 千卡的热量。

■ 节食与肌肉增长的关系

肌肉是由纤维组织构成的。在进行高强度的力量训练时，可能会伤害到肌肉的纤维组织，但这对肌肉的增长是有益的。受伤的肌肉细胞会释放一种名为Cytokines（细胞活素类）的物质。肌肉的纤维组织受伤之后会再愈合，如此反复，肌肉就会不断增长，能够产生更强大的力量。而节食使热量、营养等摄入量变少，不能对受伤后的肌肉组织进行及时的修复，因此不利于肌肉的形成。

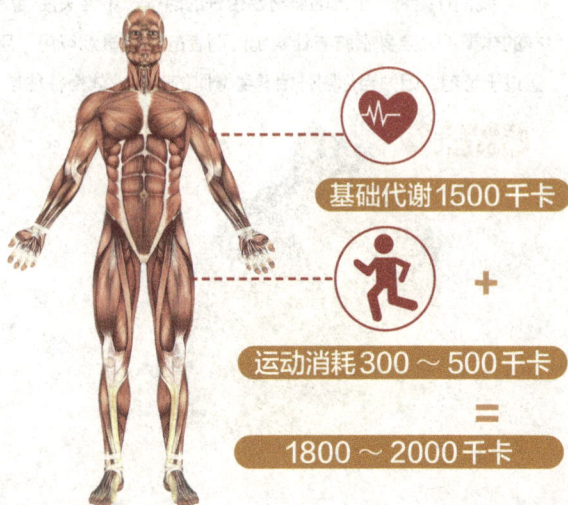

基础代谢1500 千卡

+

运动消耗300 ～ 500 千卡

=

1800 ～ 2000 千卡

早餐和训练后加餐

对于想减脂或增肌的健身爱好者来说，早餐和训练后的加餐至关重要。如果在早餐时和训练后吃得不够，会使训练效果大打折扣。

■ 早餐的重要性

对于以增肌为目的的人来讲，一顿丰盛的早餐可以唤醒身体，这时身体会释放一种促合成代谢激素来促进肌肉的生长。同时，也会抑制促分解代谢激素的分泌。而对于现阶段以减脂为目的的人来讲，早餐可以为接下来的一天提供能量，有效控制每餐摄入的热量。长期不吃早餐会降低基础代谢率，使身体更容易储存脂肪，导致减脂效果不佳。

■ 训练后加餐的重要性

大量运动后，身体热量被消耗掉不少。此时摄入营养物质，身体吸收更佳。尤其对于进行了大量力量训练的人来说，身体会尽可能地吸收更多的营养来促进肌肉的生长。此时，若是能适当补充一些易于增肌的食物就会使训练效果倍增。注意尽量避免摄入热量较高的食物。

饮用充足水

水是人体重要的、最基本的组成部分。水能维持体液平衡，促进新陈代谢，排除体内垃圾。不论你是否处于健身期，每天饮用充足的水都是非常必要的。

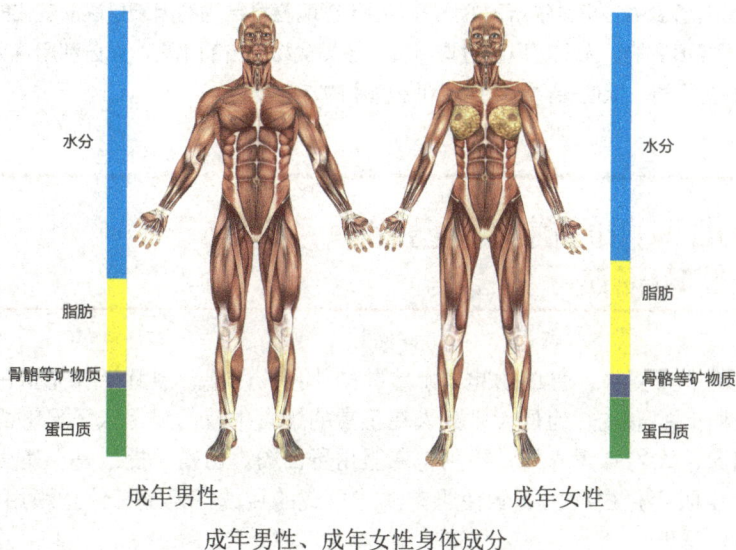

水分		水分
脂肪		脂肪
骨骼等矿物质		骨骼等矿物质
蛋白质		蛋白质

成年男性　　　　　　成年女性

成年男性、成年女性身体成分

■ 饮水与健身

对于健身爱好者来说，若没有饮用足够的水，身体更容易积累酸性物质。长此以往，肌肉容易变得疲劳，并且不利于恢复，不管是对减脂或是增肌都有不小的影响。

■ 饮水量和温度

训练中一次补水量不可过多，正确的补水方法是少量多次，可在每次休息时喝25mL左右的水。此外，最好饮用温开水，即使在夏季，水温也应在25℃～30℃，尽量不要饮用冰水。

■ 训练时饮水的时间

长时间处于训练状态会使身体大量排汗，此时血浆量可下降16%。及时补水能增加血浆量，减少血流阻力，提高心脏工作效率。因此，在训练的过程中最好补充少量水分。为了避免失水过多，在训练前30分钟可以补充好水分，而后在训练过程中休息时再少量补充即可。

■ 运动后大量饮水的危害

剧烈运动后立刻补充大量水分，会使血液中盐的含量降低，从而导致钠代谢的平衡失调，易出现肌肉抽筋等情况。而且，由于此时胃肠血液少、功能差，对水的吸收能力较弱，会使过多的水分渗入到细胞和细胞间质中，尤其是会使脑细胞肿胀，引起脑压升高，出现头疼、呕吐、嗜睡、视物模糊和心律缓慢等"水中毒"症状。因此，在训练后不要立刻补充大量水分。如果口渴难忍，可采取少量多次的补水方式。

调整膳食结构

膳食结构是指膳食中各类食物所占的比重。由于影响膳食结构的因素是逐渐变化的，所以膳食结构不是一成不变的。人们可以通过均衡调节各类食物所占的比重，充分利用食品中的各种营养，达到膳食平衡，促使膳食结构向更利于健康的方向发展。

专栏 训练期间摄取蛋白粉是否有助于肌肉形成？

在肌肉的修复中，蛋白质起到了重要的作用。因此，原则上补充蛋白质更有利于肌肉的形成。但是大多数人在正常的饮食中就已经摄入了足够的蛋白质。因此，除特殊需求外，不用特意服用蛋白粉。值得一提的是，有少数人通过大量服用蛋白粉以达到使肌肉快速形成的目的，但是在停止服用后，肌肉会退化得更快。

第2章

腹肌训练的热身
运动和整理运动

　　热身动作是指在正式运动之前，做低强度的动作，激活正式运动时将要使用的肌群，并提高局部或全身的温度，促进血液循环，使体内的各种系统（包括心血管系统、呼吸系统、神经肌肉系统及骨骼关节系统等）逐渐进入运动状态，以适应接下来较为激烈的运动，从而降低发生运动损伤的风险。

　　正式运动后整理运动的意义在于：1.有利于代谢废物（如乳酸）的消退，加速肌肉恢复；2.降低延迟性肌肉酸痛发生的概率；3.收集肢体静脉血，降低运动性昏厥发生的概率；4.降低运动后痉挛发生的概率；5.减缓肌肉僵硬。

第2章

2.1 热身运动

热身动作分为两种：一种为全身动作，如原地走、前后跳及小碎步等；另一种为针对特定肌群的动作，如主要使用臀部肌群、腿部肌群和腹肌等进行的运动。

跳箱 - 箱上稳定下落

这个动作被称为快速伸缩复合训练，有助于增强肌肉的牵张反射，以增强爆发力。

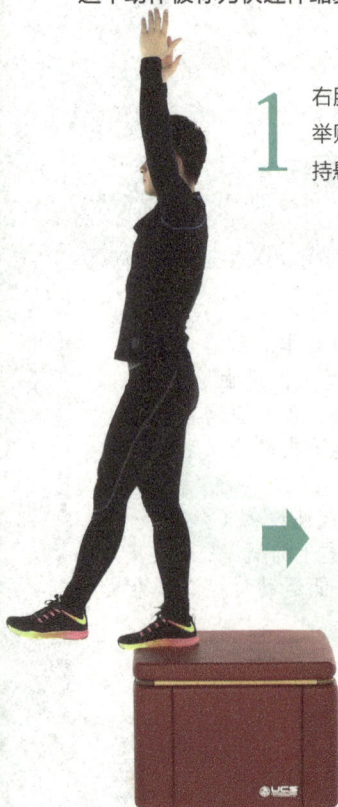

1 右脚站在箱子边缘，双臂上举贴在耳侧，左脚抬高并保持悬空。

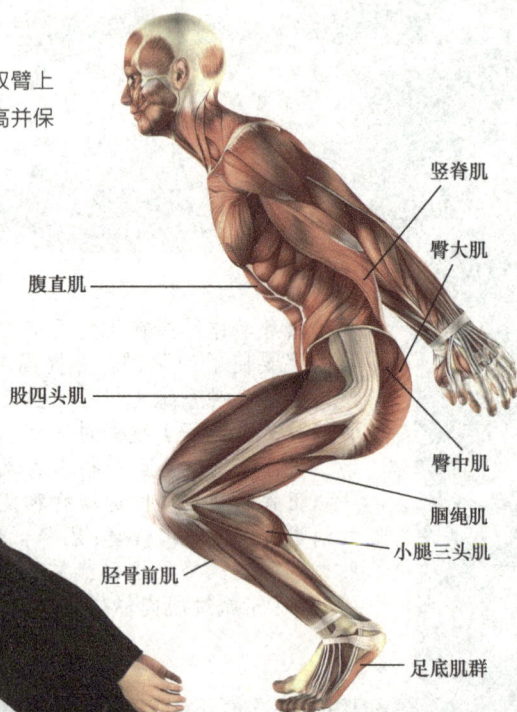

竖脊肌

臀大肌

腹直肌

股四头肌

臀中肌

腘绳肌

小腿三头肌

胫骨前肌

足底肌群

2 从跳箱上向前跳下，左脚下落的同时，右脚跟上，双脚同时落地。此时手臂后摆。注意落地时膝关节与髋关节呈屈曲状，进行缓冲。

锻炼目标

★ 腹直肌、股四头肌、腘绳肌、臀大肌、小腿三头肌、竖脊肌

辅助肌肉

★ 臀中肌、胫骨前肌、足底肌群

point

● 落地时应充分屈曲膝关节和髋关节。

● 保持躯干直立，颈部及腹部绷紧。

3 起身，还原成原地站立的姿势。重复以上步骤至规定次数。

扫二维码
观看动作视频

第2章

跳箱－有反向跳－双脚落地

这个动作是从下向上跳，对臀腿部和腹部肌肉力量有较高的要求，可以快速将这两部分的肌肉激活。

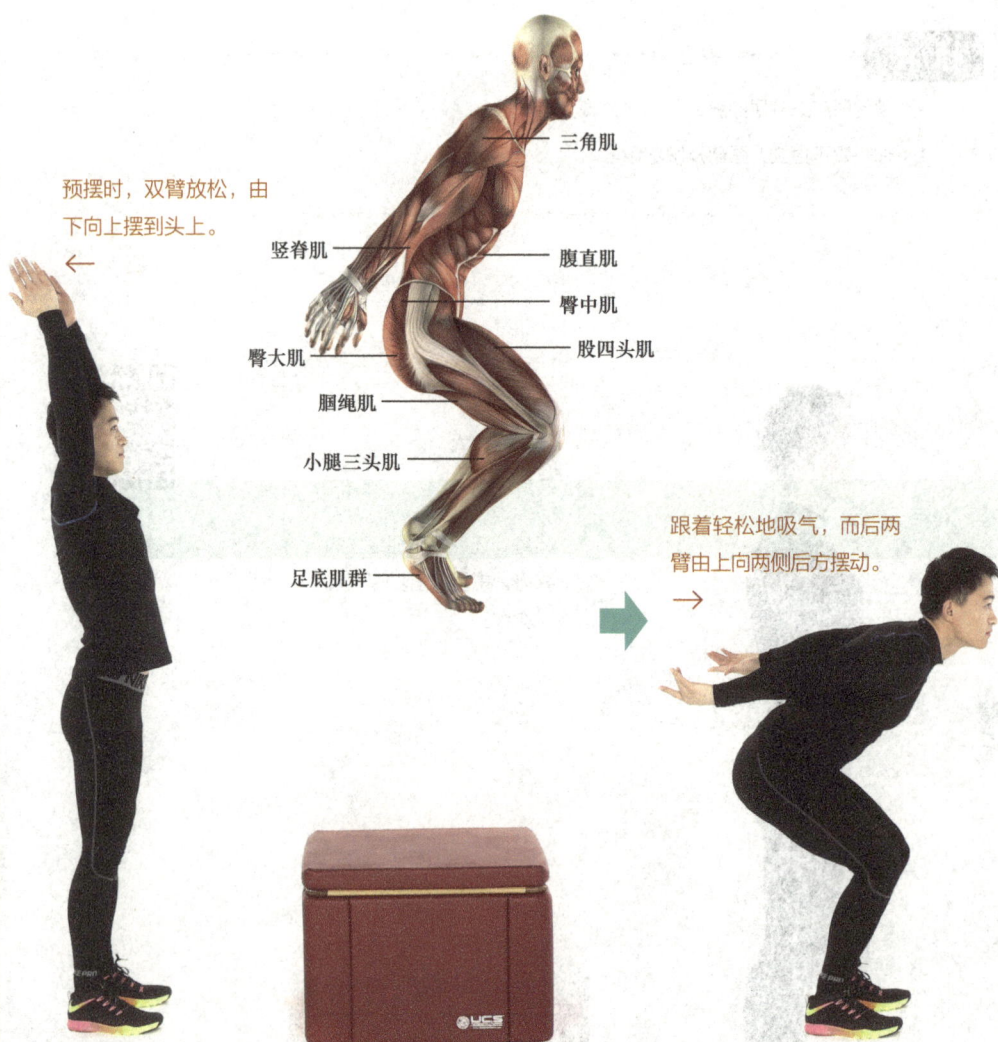

预摆时，双臂放松，由下向上摆到头上。
←

三角肌

竖脊肌

腹直肌

臀中肌

臀大肌

股四头肌

腘绳肌

小腿三头肌

足底肌群

跟着轻松地吸气，而后两臂由上向两侧后方摆动。
→

1 双脚自然站位，最好与肩同宽。双臂上摆至耳侧。

2 两臂尽量往后摆。屈膝，降低身体重心。

扫二维码
观看动作视频

锻炼目标

★ 腹直肌、股四头肌、腘绳肌、臀大肌、小腿三头肌、竖脊肌

辅助肌肉

★ 臀中肌、胫骨前肌、足底肌群、三角肌

竖脊肌

臀大肌　臀中肌

腹直肌

上身始终保持挺直。
↓

胫骨前肌

第 2 章　腹肌训练的热身运动和整理运动

3 双腿用力向前蹬地跳起，同时双臂稍微弯曲，往上摆动。下降时手臂后摆，双腿充分屈髋屈膝，落于箱上后还原成站立姿势。重复以上步骤至规定次数。

第2章

跳箱－无反向跳－双脚落地

这个动作的重点在于，起跳和落地的速度都尽量地放慢，保持身体肌肉均衡缓慢地收缩和放松。

扫二维码
观看动作视频

point

双脚落地的时候，臀部要充分屈曲，尽量温和落地，这样可以降低地面反作用力，以保护膝关节。

上身向前倾，头部要向前探。 →

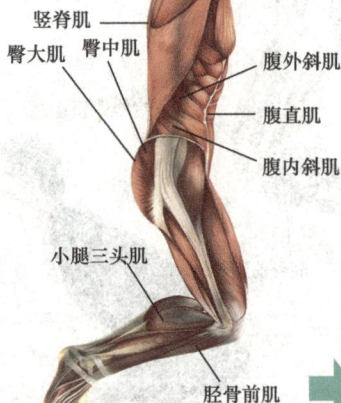

竖脊肌
臀大肌　臀中肌
腹外斜肌
腹直肌
腹内斜肌

小腿三头肌

胫骨前肌

← 上身始终保持挺直。

1 上身前倾，充分屈髋屈膝，同时手臂向后展。

2 臀部和腿部肌肉发力，双脚向上跳起，同时手臂向上摆。注意维持上身在空中始终保持挺直。

锻炼目标

★ 腹直肌、腹内斜肌、腹外斜肌、竖脊肌、臀大肌、股四头肌、腘绳肌、小腿三头肌

辅助肌肉

★ 臀中肌、胫骨前肌、足底肌群、三角肌

三角肌

腹直肌

股四头肌

腘绳肌

小腿三头肌

足底肌群

3 髋关节和膝关节屈曲，降低重心，同时手臂后摆保持稳定，落在跳箱上。

4 还原成站立姿势。重复以上步骤至规定次数。

第2章

跳箱 − 跳深 − 侧向跑

这个动作在跳箱的基础上增加了侧向跑，可以锻炼到腰部两侧的肌肉，且快速激活全身。

重心放在右腿上，左腿前伸悬空保持平衡，不绷劲、不松懈。

落地时手臂后摆。

在空中尽量使身体纵向伸展。

1 站在箱子边缘，双臂伸直贴在头部两侧，左脚稍稍抬高悬空。

2 左脚下落的同时，右脚也随之下落，双脚同时落地。注意落地时手臂后摆，髋关节和膝关节屈曲，降低重心。紧接着双腿发力，原地起跳，同时双臂上摆。

锻炼目标

★ 腹横肌、腹内斜肌、腹外斜肌、股四头肌、小腿三头肌、臀大肌

辅助肌肉

★ 臀中肌、胫骨前肌、腘绳肌

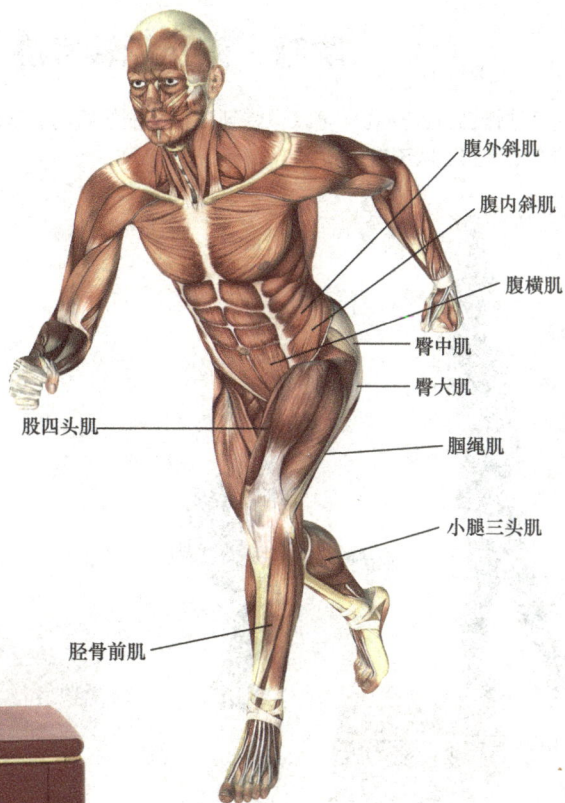

腹外斜肌

腹内斜肌

腹横肌

臀中肌

臀大肌

股四头肌

腘绳肌

小腿三头肌

胫骨前肌

3 落地时，双臂后摆，降低重心，髋关节和膝关节充分屈曲。接着转身向侧面跑动。左右方向交替，重复以上步骤至规定次数。

第2章

跳箱－双接触转身跳 180°

这个动作通过旋转同样可以锻炼到腹部两侧的肌肉。该动作对爆发力要求较高，因此热身阶段做这个动作的次数不应过多。

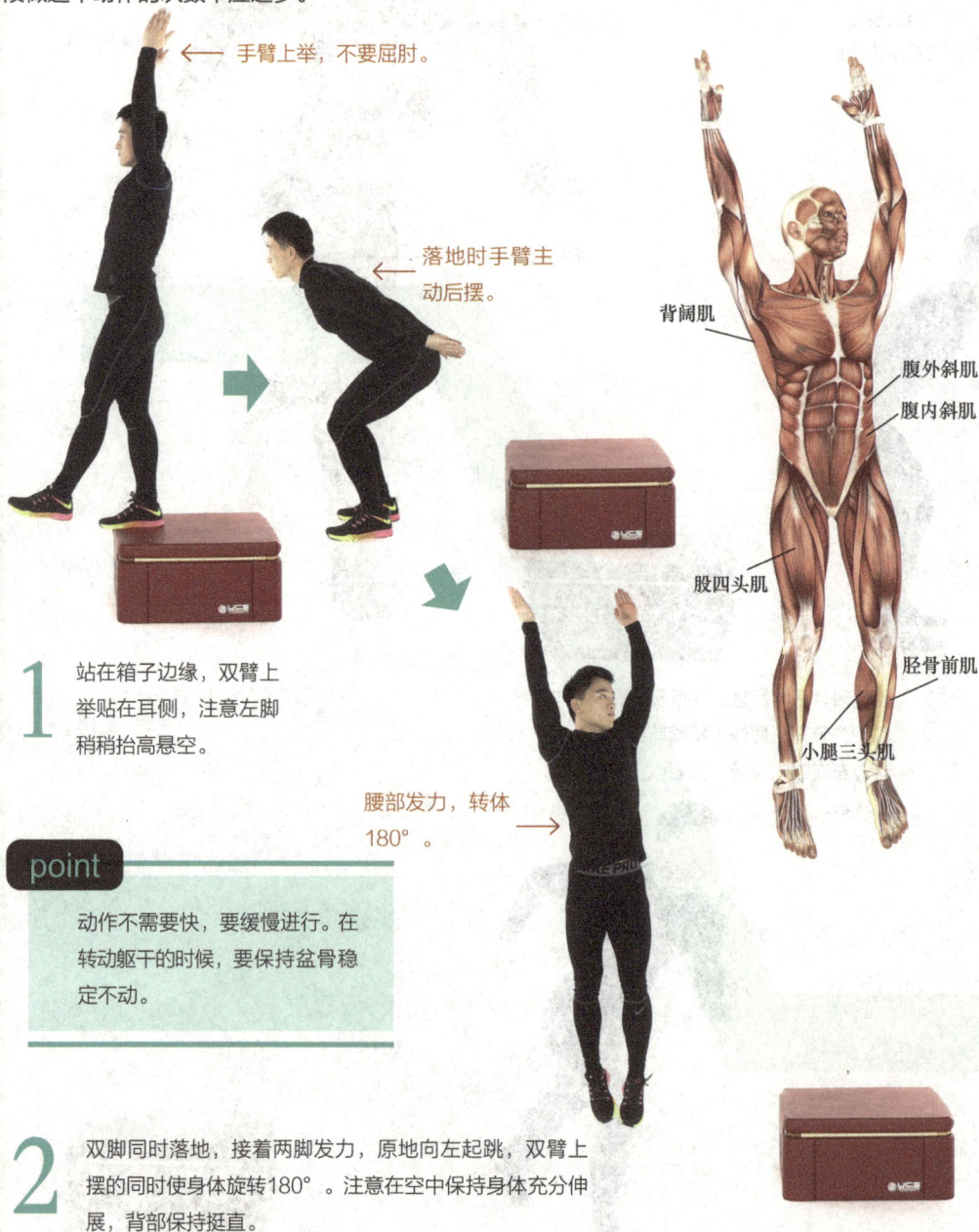

← 手臂上举，不要屈肘。

← 落地时手臂主动后摆。

背阔肌

腹外斜肌

腹内斜肌

股四头肌

胫骨前肌

小腿三头肌

1 站在箱子边缘，双臂上举贴在耳侧，注意左脚稍稍抬高悬空。

腰部发力，转体 180°。 →

point

动作不需要快，要缓慢进行。在转动躯干的时候，要保持盆骨稳定不动。

2 双脚同时落地，接着两脚发力，原地向左起跳，双臂上摆的同时使身体旋转180°。注意在空中保持身体充分伸展，背部保持挺直。

锻炼目标

★ 股四头肌、腘绳肌、腹内斜肌、腹外斜肌、臀大肌、小腿三头肌

辅助肌肉

★ 三角肌、背阔肌、胫骨前肌、臀中肌、竖脊肌

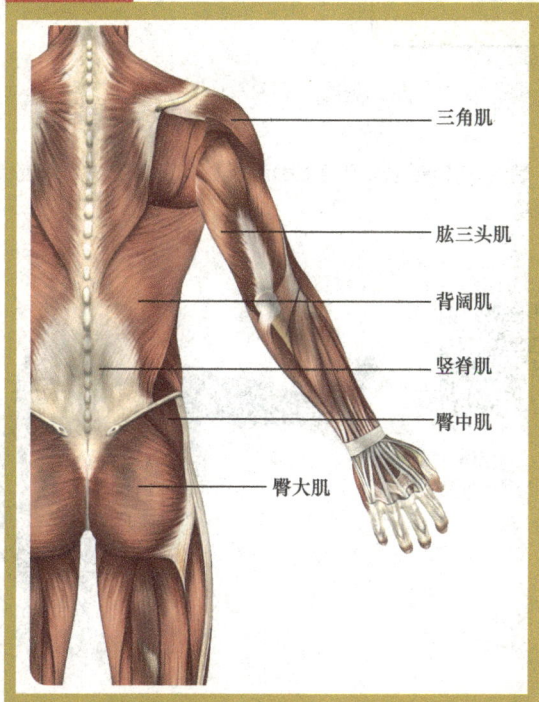

正面肌肉图

- 三角肌
- 肱三头肌
- 背阔肌
- 竖脊肌
- 臀中肌
- 臀大肌

3 落地时，双臂后摆，降低重心，髋关节和膝关节充分屈曲。起身站直。重复以上步骤至规定次数。

扫二维码
观看动作视频

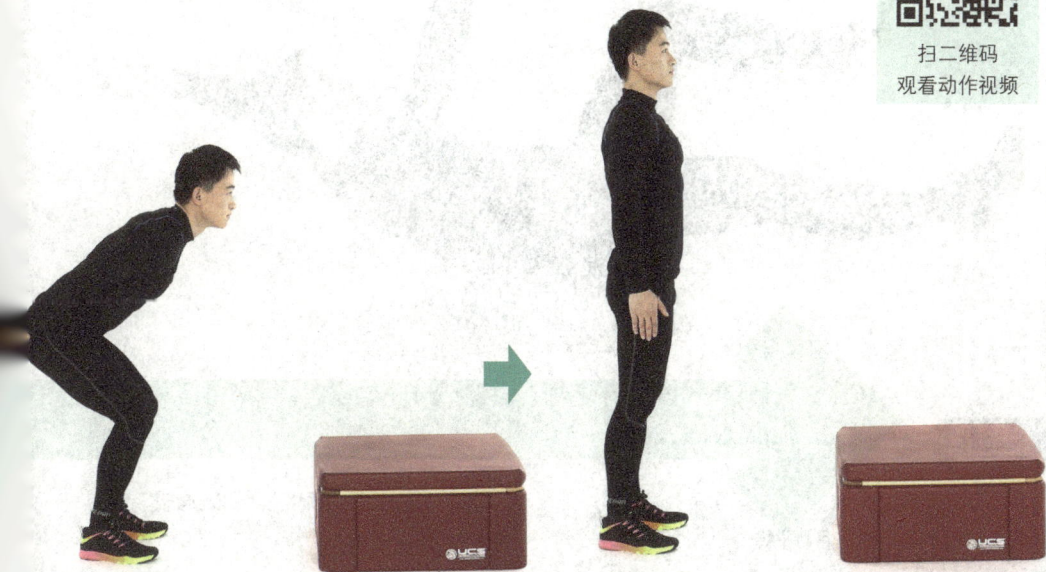

第2章

死虫式

这个动作通过稳定向上抬起手臂和腿的方式，有效锻炼腹部肌肉，提高平衡和协调能力，充分热身。

扫二维码
观看动作视频

← 颈部不要前伸。

1 仰卧于BOSU球曲面，核心收紧，屈髋、屈膝呈90°。双臂于胸前伸直。

手腿同时变换动作。 →

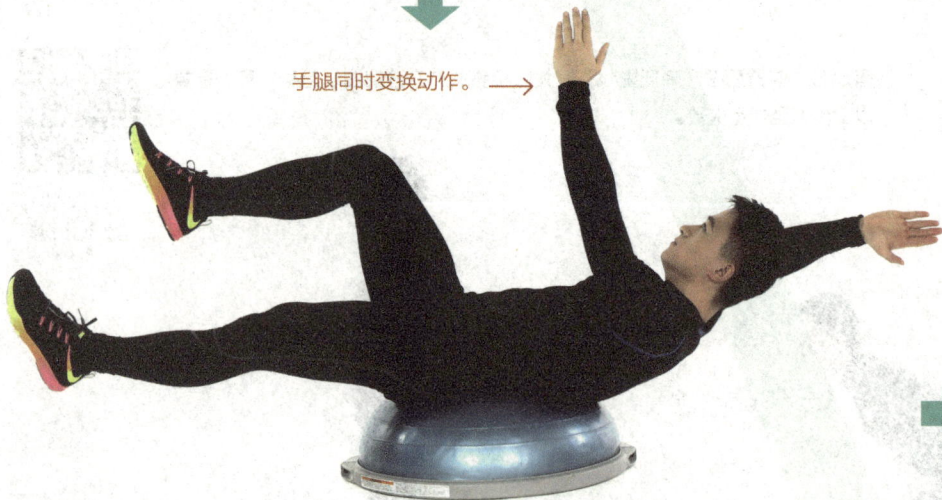

point

动作交换时不要过快，注意全程核心收紧，背部保持平直。

2 右侧手向头顶移动，左侧腿伸直。

锻炼目标

★ 腹直肌、腹横肌、腹外斜肌、腹内斜肌

辅助肌肉

★ 股四头肌、缝匠肌、肱二头肌、肱三头肌、三角肌后束

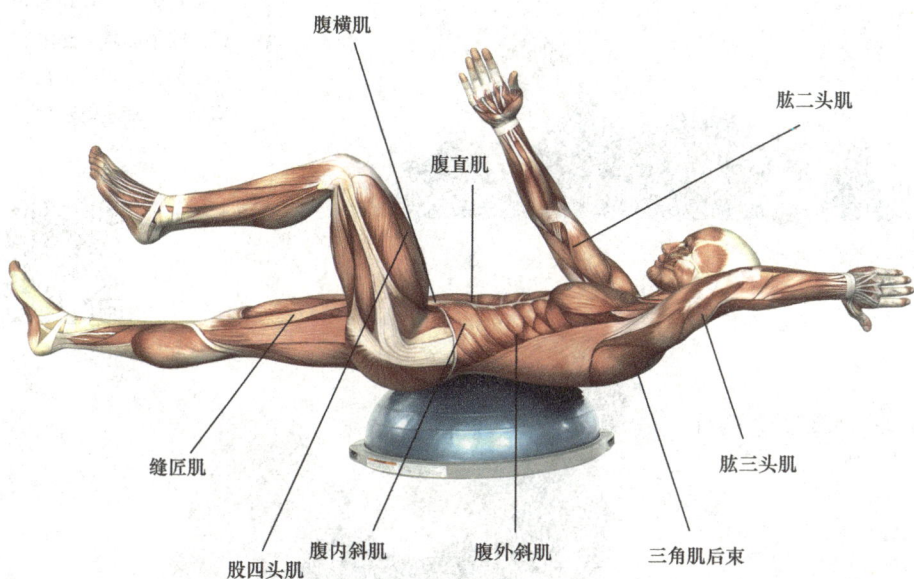

腹横肌

腹直肌

肱二头肌

缝匠肌

股四头肌

腹内斜肌

腹外斜肌

肱三头肌

三角肌后束

3 保持身体稳定，右侧手和左侧腿恢复起始姿势，同时左侧手向头顶移动，右侧腿伸直。双侧交替，重复以上步骤至规定的次数。

仰卧起坐

这个动作是腹部肌肉的基础练习，要求练习者在动作过程中不憋气。

1 平躺在垫上，双腿略分开，屈髋屈膝，全脚掌撑于垫上，双手扶在头两侧，肘关节指向外侧。

扫二维码
观看动作视频

← 卷腹时呼气。

2 呼气，腹肌发力卷腹，带动躯干向上。

point

练习时要控制身体匀速下降，并保持呼吸。

头部不过度用力。

3 躯干向上至直立坐起，然后缓慢回到起始姿势并吸气。重复以上步骤至规定次数。

锻炼目标

★ 腹直肌、腹横肌

辅助肌肉

★ 腹外斜肌、腹内斜肌、
股四头肌、髂腰肌

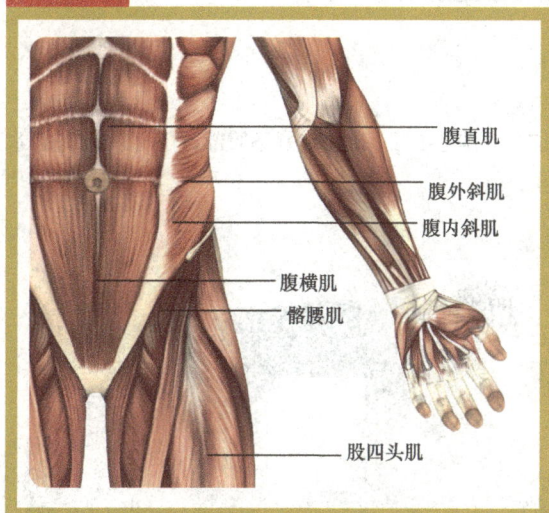

正面肌肉图

腹直肌
腹外斜肌
腹内斜肌
腹横肌
髂腰肌
股四头肌

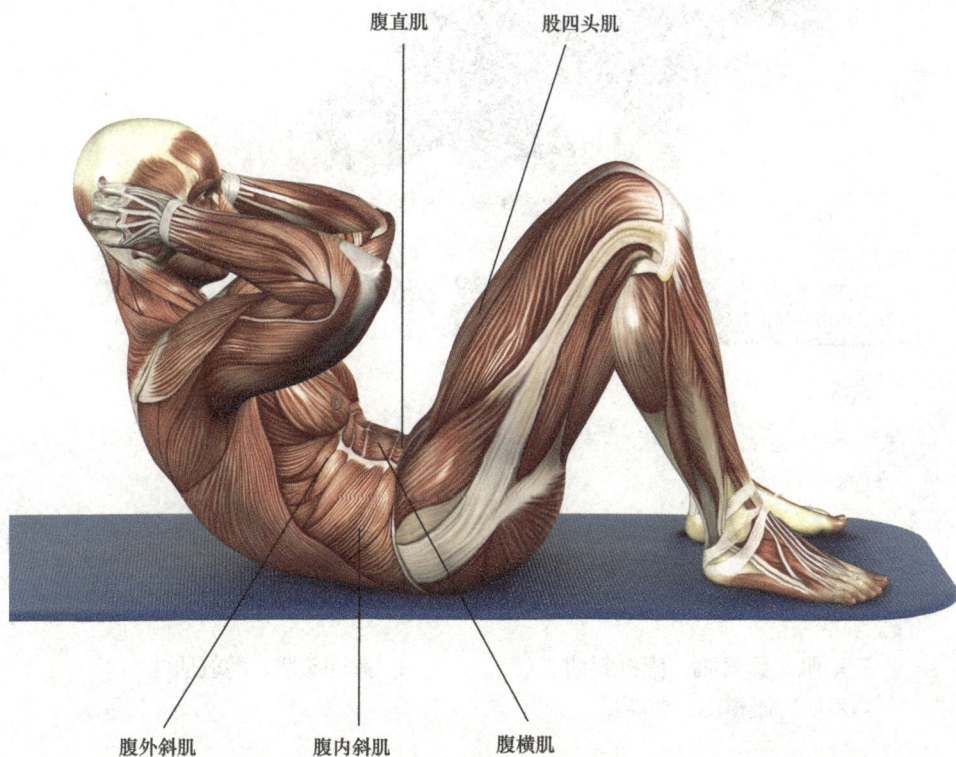

腹直肌
股四头肌
腹外斜肌
腹内斜肌
腹横肌

第2章

登山者

这个动作主要锻炼的部位是下腹部，还可以有效提高心率，达到充分热身腹部肌肉的效果。

扫二维码
观看动作视频

1 以俯撑姿势支撑于垫上，躯干保持挺直，双臂伸直置于肩关节正下方，双腿伸直，前脚掌撑于垫上。

2 躯干呈一条直线，核心收紧。一侧腿屈膝屈髋至同侧手臂后方，然后伸直回到原位。

锻炼目标

★ 三角肌、腹直肌、腹外斜肌、腹内斜肌、腹横肌、髂腰肌

辅助肌肉

★ 股四头肌、缝匠肌

point

- 全程保持均匀呼吸。
- 躯干呈一条直线。
- 运动速度不要过快。

腹横肌
腹直肌
髂腰肌
缝匠肌

腹外斜肌　腹内斜肌　　　缝匠肌
三角肌
股四头肌

第 2 章

腹肌训练的热身运动和整理运动

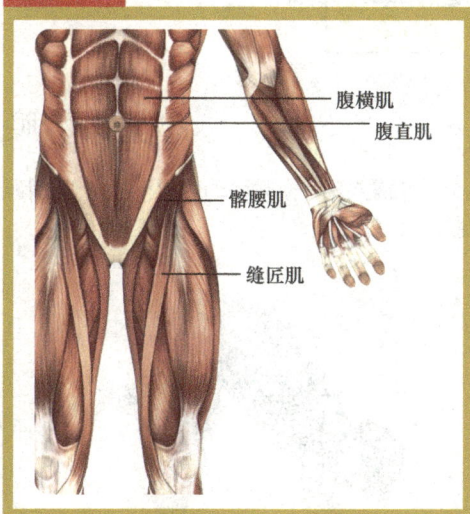

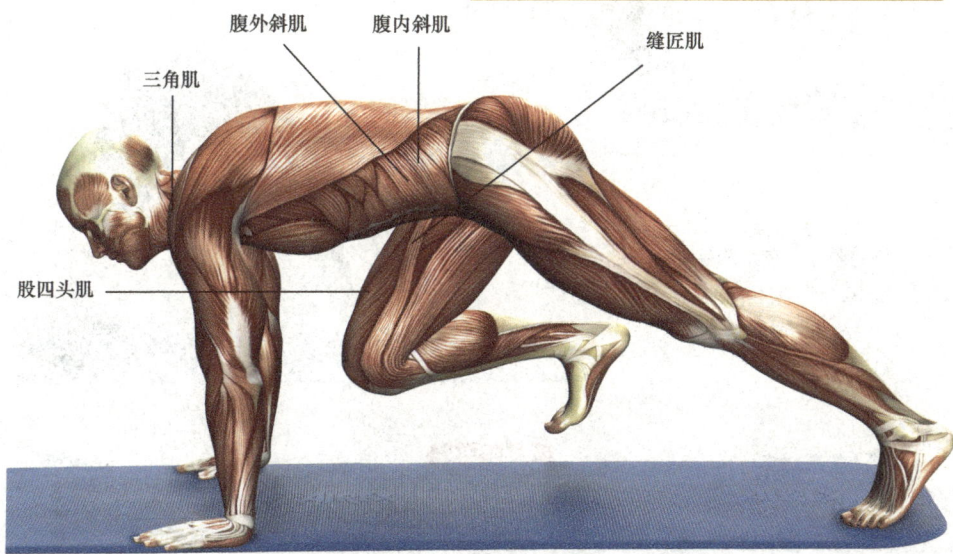

双腿交替运动。
↓

3 换至对侧腿向前方迈出，双腿交替运动。恢复准备姿势。双腿交替，重复以上步骤至规定次数。

第2章

俯卧爬行

这个动作需要双手交替移动完成爬行，需要腹部肌肉收紧才能够保持身体的稳定，因此可充分激活腹部肌肉。

1 俯身屈髋姿势，双腿双手分开与肩同宽，撑在垫子上，手臂伸直。

2 核心收紧，在两脚保持不动的情况下，双手交替向前爬。

锻炼目标

★ 三角肌、腹直肌、腹外斜肌、腹内斜肌、腹横肌

辅助肌肉

★ 胸大肌、肱三头肌、前锯肌、腘绳肌

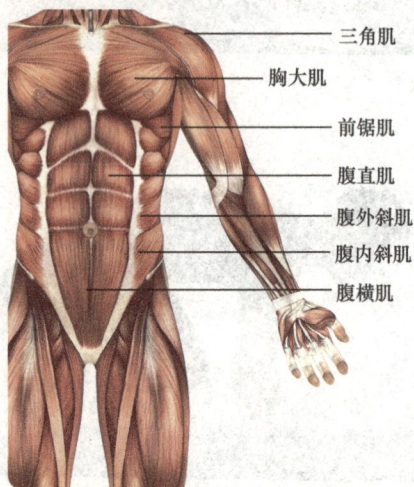

正面肌肉图

- 三角肌
- 胸大肌
- 前锯肌
- 腹直肌
- 腹外斜肌
- 腹内斜肌
- 腹横肌

- 做此动作时不要贪图爬行得远，主要目的是保证动作的规范性。
- 腿部始终呈一条直线。
- 双脚位置不变。

3 双脚位置固定，双手继续交替向前爬行。双手向前爬行至最远端后，回到起始姿势。重复以上步骤至规定次数。

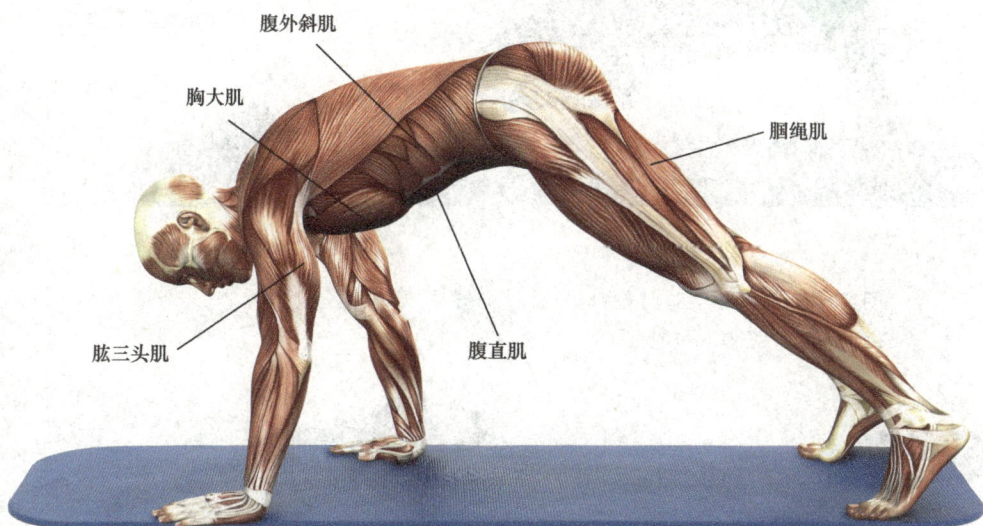

双手向前爬到最远端。

腹外斜肌

胸大肌

腘绳肌

肱三头肌

腹直肌

侧平板支撑膝碰肘

这个动作可以充分刺激侧腹部的肌肉，不但可以有效激活侧腹部肌肉，作为热身，还可以提高身体左右的平衡性。

不要塌腰。

扫二维码
观看动作视频

1 侧平板支撑姿势，一侧手臂肘关节屈曲90°撑于垫上，上臂垂直于地面，同侧脚侧面撑于垫上，另一侧手臂伸向上方，核心持续收紧，腰背挺直。

← 膝、肘相碰。

2 保持身体平衡，腹肌发力使远离地面一侧的手肘和膝关节相碰，然后回到起始姿势。肘和膝关节相碰的时候呼气，还原的时候吸气。重复以上步骤至规定次数。

3 回到起始姿势，换至对侧重复以上步骤至规定次数。

point

练习时保持肩部和腿部受力均匀。

锻炼目标

★ 三角肌、腹直肌、腹外斜肌、腹内斜肌、腹横肌、竖脊肌

辅助肌肉

★ 胸大肌、肱二头肌、股四头肌、肱三头肌、背阔肌、臀中肌、臀大肌

point

● 支撑腿始终伸直。

● 腰部不要下塌。

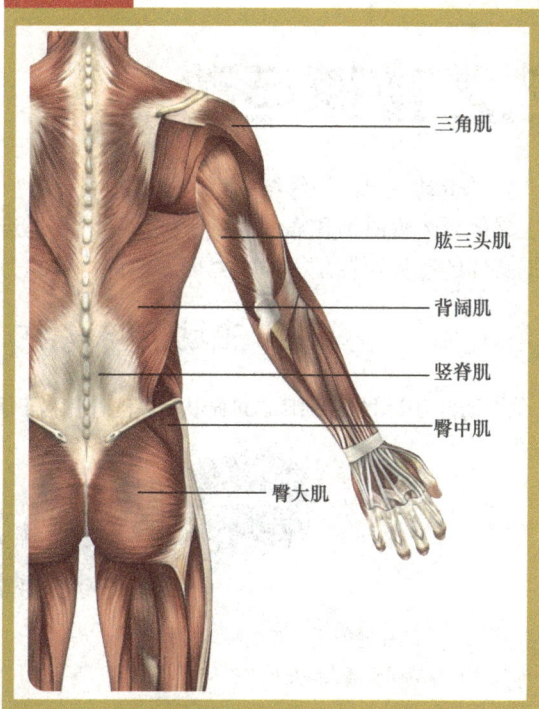

正面肌肉图

三角肌

肱三头肌

背阔肌

竖脊肌

臀中肌

臀大肌

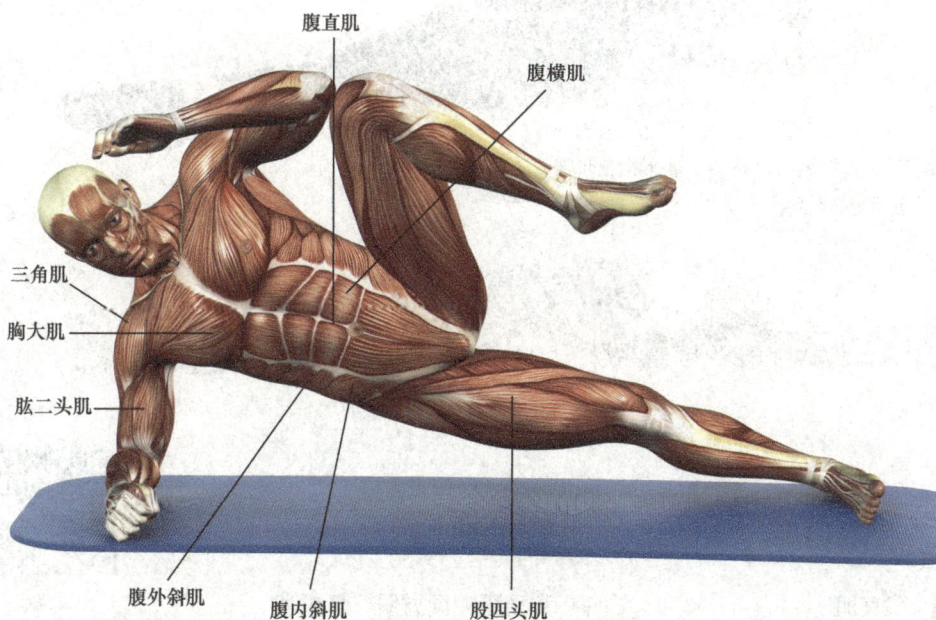

腹直肌

腹横肌

三角肌

胸大肌

肱二头肌

腹外斜肌

腹内斜肌

股四头肌

第 2 章

2.2 整理运动

　　整理运动主要是训练结束后的整理放松动作，可减缓肌肉僵硬和痉挛，并在一定程度上减轻延迟性肌肉酸痛。本章重点提到的整理运动是主动拉伸，因为主动拉伸可自己根据身体的感受，控制拉伸的力度。注意拉伸的力度不要过大，以避免拉伤。

主动拉伸 – 卧式弓形

这个动作可以让腹部肌肉从紧张状态恢复，有利于缓解肌肉疲劳，尽快恢复身体能量。

脚部绷直
↓

1 面部朝上躺在地板上，双腿和双臂伸出，身体的中心最大限度地向外伸出。

← 拉伸过程中尽量保持下腰背的舒适。

2 缓缓弓起下背部，慢慢抬起肋部和胸部。接着缓缓恢复起始姿势，重复以上步骤至规定的次数。

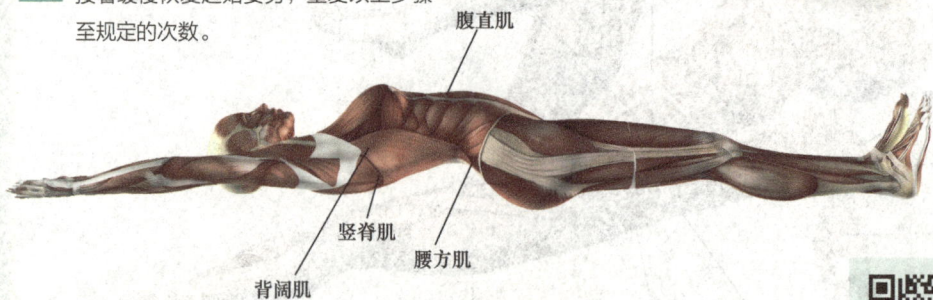

腹直肌

竖脊肌

腰方肌

背阔肌

锻炼目标	辅助肌肉
★ 腹直肌	★ 背阔肌、腰方肌、竖脊肌

扫二维码
观看动作视频

主动拉伸－动态眼镜蛇式

这个动作可有效拉伸和放松腹肌。注意在拉伸的同时保持均匀的呼吸。

1 俯卧在地板上，双腿稍微分开，向后伸展。
目视前方，屈肘，前臂和手掌着地、肘部呈
90°并置于肩部正下方。

脚背伸直，贴
于地面。

肘部呈90°，由前臂
和手掌保持平衡。

2 手掌撑地，缓慢伸直双臂，同时慢慢抬高前
胸，直至双臂完全伸直。双肩后推并下沉，
将尾骨向下，朝耻骨方向用力。伸直脖子。
坚持该姿势15秒。

练习过程中，头部避免
后仰。目视前方。

扫二维码
观看动作视频

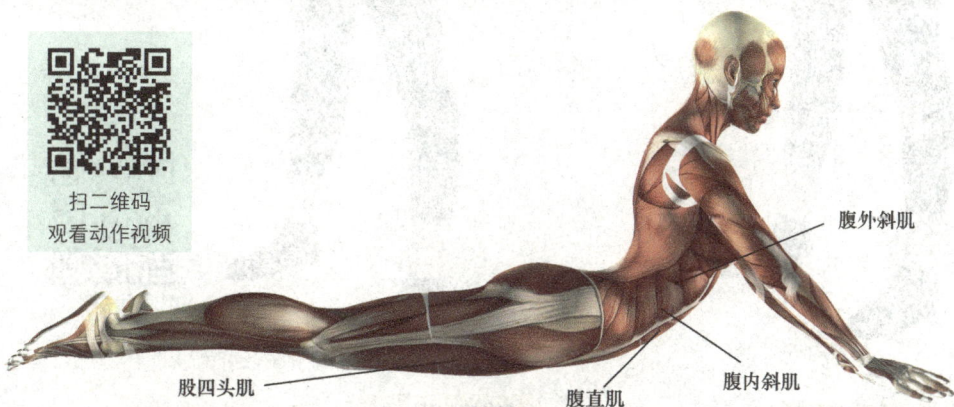

腹外斜肌

股四头肌

腹直肌

腹内斜肌

锻炼目标

★ 腹直肌

辅助肌肉

★ 腹外斜肌、腹内斜肌、股四头肌

第2章

主动拉伸－动态弓形

这个动作对腰部、腹部和臀部进行拉伸锻炼，使这些肌肉得以放松。

1 以站姿开始动作，双脚分开站立，与肩同宽。双臂伸直，手掌贴于大腿外侧。

2 双手叉腰，双肩后推。

扫二维码
观看动作视频

锻炼目标

★ 腹直肌

辅助肌肉

★ 腹外斜肌、腹内斜肌、胸大肌

避免过度拉伸。过度向后仰会给脊柱施加过大的压力。

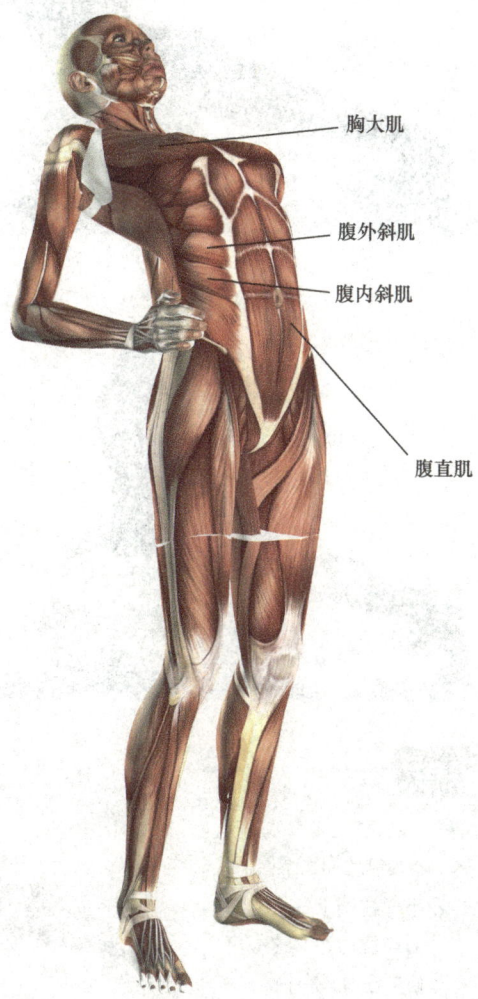

练习过程中，下颌尽量内收。

避免扭转躯干。

胸大肌

腹外斜肌

腹内斜肌

腹直肌

3 上半身向后仰至最大幅度，双臂支撑在腰间保持平衡。保持该姿势15秒后，抬起上身，回到起始动作。重复以上步骤至规定次数。

第2章

主动拉伸－动态瑞士球眼镜蛇式

在眼镜蛇动作基础上加一个瑞士球辅助，可以增加不稳定性及拉伸幅度。

肘部呈90°。→

1 腹部贴于瑞士球上，双手支撑于球面，两脚前脚掌支撑，与肩同宽，头部、肩部、臀部、大腿保持在一条直线上。

扫二维码
观看动作视频

头部微微后仰。→

2 手掌撑球，伸直双臂的同时，慢慢抬头挺胸，直至腹部肌肉有中等强度的拉伸感。保持该姿势15秒。放松，回到起始动作。

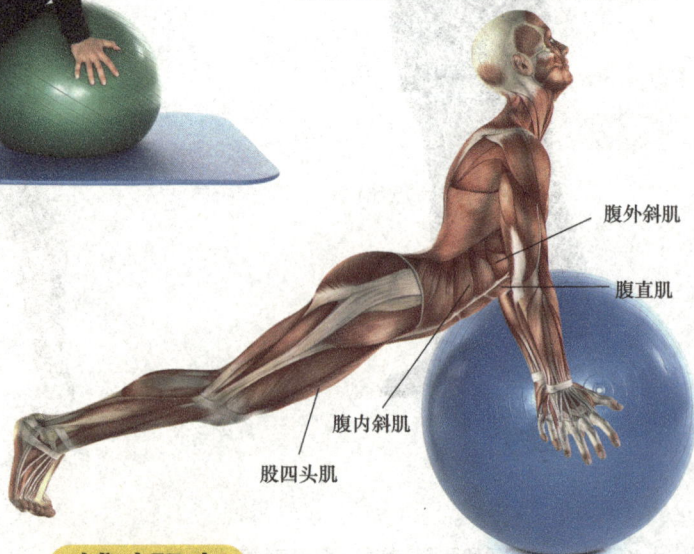

point

● 避免猛然抬高身体，应有控制地慢慢抬起。

● 手部在瑞士球上的着力点要对称，这样可以更好地保持平衡。

腹外斜肌

腹直肌

腹内斜肌

股四头肌

锻炼目标

★ 腹直肌

辅助肌肉

★ 腹外斜肌、腹内斜肌、股四头肌

第 3 章

8 周腹肌训练计划

　　健身增肌是科学的、有针对性的训练项目，因此，制定合理的计划、选择有针对性的练习至关重要。

　　本书总的训练原则为：将增肌的力量训练和降低体脂率的有氧运动相结合；将8周分为3个阶段，每个阶段的侧重点不同，但都包含了热身运动、有氧运动、腹肌力量训练及整理运动这四大板块。力量训练前期以自重训练为主，塑造大致的腹部线条；后期以负重训练为主，增大肌肉的体积。坚持有氧运动能够降低体脂率。为了降低运动损伤的风险，训练开始前和训练结束后分别要进行热身和整理运动。为了减少脂肪堆积，饮食方面也要注意控制。

　　四大项目合理安排，不走弯路，大大增强训练效果，8周拥有巧克力腹肌不是梦想！

第3章

➡ 8 周训练计划

合理安排训练计划

1～2 周

调整状态，激活全身

- 10～15 分钟热身运动
- 40～60 分钟有氧运动——跳绳
- 40～60 分钟虐腹练习

平板支撑-静态

俯卧撑轮-瑞士球-平板支撑

俯卧撑轮-瑞士球-俯卧撑

腹肌轮-前滚-膝关节支撑

俯卧撑轮-肩背部拉伸

俯卧撑轮-肩胸部拉伸

俯卧撑轮-腹部拉伸

俯撑-滑贴-交替登山

俄罗斯转体

- 10～15 分钟整理运动

3～4 周

燃脂为主，初级虐腹

- 10～15 分钟热身运动
- 40～60 分钟有氧运动——慢跑
- 40～60 分钟虐腹练习

平板支撑-交替伸臂

哑铃-仰卧-过顶卷腹

TRX-交替登山

腹肌轮-俯卧撑

哑铃-仰卧-循环卷腹

哑铃-仰卧-基本卷腹

哑铃-仰卧-举腿

哑铃-仰卧-直腿卷腹

哑铃-瑞士球-仰卧-臀桥稳定旋转

哑铃-侧桥-单臂飞鸟

- 10～15 分钟整理运动

- 量力而行，注意控制运动强度。有氧运动时，心率不要超过最大心率的80%～85%（最大心率= 220-年龄）。
- 控制运动的频率。每周进行3～4次运动，切忌贪多，避免过度训练和降低训练热情。
- 预防运动损伤。做好热身和整理运动，选择安全的训练场所。
- 以书上的训练计划为参考，学会自己安排训练。

5～6周

燃脂为主，进阶虐腹

- 10～15分钟热身运动
- 40～60分钟有氧运动——篮球
- 40～60分钟虐腹练习

　平板支撑-交替抬腿

　腹肌轮-屈膝屈髋练习

　腹肌轮-纵向爬行

　哑铃-单腿V字两头起

　仰卧-训练椅举腿

　哑铃-仰卧-推举卷腹

　哑铃-仰卧-双重卷腹

　哑铃-瑞士球-仰卧-胸前卷腹

　哑铃-瑞士球-仰卧-头上卷腹

- 10～15分钟整理运动

7～8周

负重训练，大功告成

- 10～15分钟热身运动
- 40～60分钟有氧运动——自行车
- 40～60分钟虐腹练习

　平板支撑-对侧支撑

　哑铃-仰卧-反向卷腹

　俯卧撑轮-手脚走

　腹肌轮-俯卧撑-屈膝躯干折叠

　腹肌轮-直膝躯干折叠

　双臂交替后拉

　哑铃-仰卧-直腿过顶卷腹

　哑铃-仰卧-直腿卷腹-旋转

　哑铃-仰卧-螺旋举腿

- 10～15分钟整理运动

第 3 章

8 周腹肌训练计划

第3章

3.1 第1～2周：调整状态，激活全身

　　激活全身是这一阶段的主要目的。如果你是一个没有运动习惯的人，那么这一章的训练就更加重要。要让自己的身体逐渐适应有规律的训练，并培养对运动的兴趣，体会在训练中身体发生改变给自己带来的快乐。

　　调整状态主要包括心态、训练、饮食及休息几个方面。心态方面，为接下来的训练做好准备，改掉静坐少动、饮酒和吸烟等坏习惯；训练方面，从较低强度的运动开始进行训练，循序渐进；饮食方面，注意调整饮食结构，逐渐养成较为健康的饮食习惯；休息方面，注意保持充足的睡眠。

第一步

40～60 分钟有氧运动——跳绳

　　跳绳是一种简单易行且减脂效果显著的有氧运动。人体在快速跳动的时候能够大量消耗身体内的脂肪，同时使肌肉富有弹性。因此，第1～2周选择跳绳作为有氧运动。

- 连续跳绳半小时大约可以消耗400千卡热量，减脂效果好。
- 连续的跳动可以提高肌肉的弹性，预防骨质疏松和肌肉萎缩等疾病。
- 跳绳随时可做，一学就会，可提高自信心。跳绳花样繁多，在运动时不容易感到厌倦。
- 跳绳时动作的多样性可灵活全面地训练肌肉，可以改善身体的协调性。

point

- 体重过大的人不适合单腿跳绳。将全身重量压在一只腿上很容易损伤膝关节和踝关节，因此要尽量选择双脚同时落地的方式。
- 起跳和落地时要用前脚掌，因为前脚掌着地可以更好地缓冲地面反作用力，同时膝关节保持微微弯曲，以更好地缓和膝关节、脚踝受到的冲击力。
- 饭后不能跳绳。如果饭后立即运动，尤其是像跳绳这种剧烈的运动，容易患上阑尾炎。

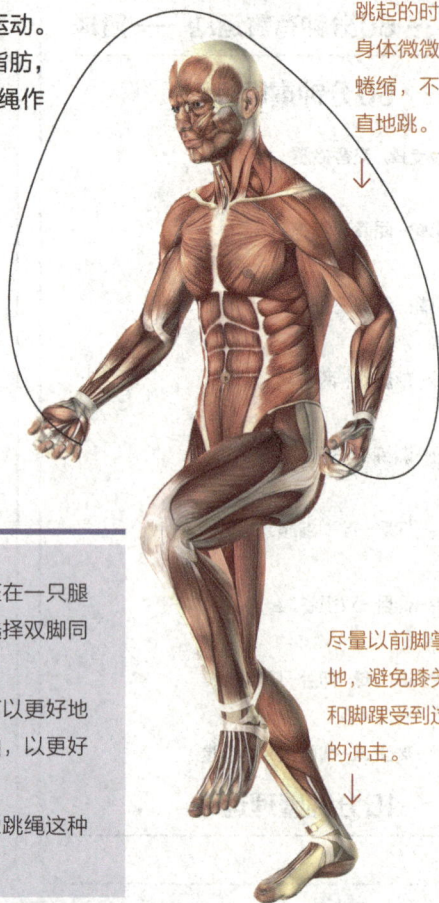

跳起的时候，身体微微向内蜷缩，不要僵直地跳。
↓

尽量以前脚掌着地，避免膝关节和脚踝受到过大的冲击。
↓

40 ～ 60 分钟虐腹练习

总时长	动作时长	间歇时长
建议隔天练习一次，每次不低于40分钟。	静立动作持续60秒左右，拉伸动作停留20～30秒。	单组之间休息不超过1分钟，不同项目之间不超过5分钟。

■ 平板支撑 – 静态

这个动作是核心力量与稳定性的评定方法，也是训练方法的一种，是对腹肌非常有效的训练项目。

扫二维码
观看动作视频

头部、背部、臀部保持在一条水平线上。

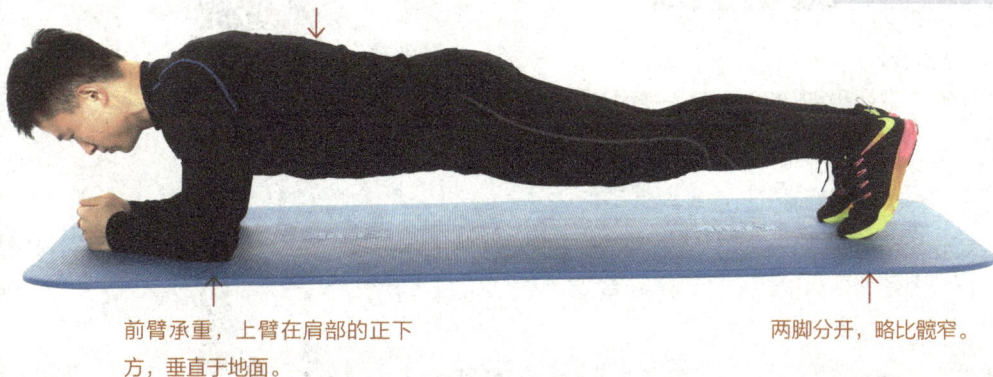

前臂承重，上臂在肩部的正下方，垂直于地面。

两脚分开，略比髋窄。

首先在垫子上进入俯卧姿势，用脚趾和前臂支撑体重。注意肘关节呈90°，并放在肩膀下，保持该姿势60秒，完成动作。

point

● 臀部微微收缩，主要是因为要保持好正确的骨盆位置，可以更充分锻炼到腹部肌肉。

第 3 章

8 周腹肌训练计划

第 3 章

锻炼目标

★ 腹直肌、腹内斜肌、竖脊肌、
腹横肌、腹外斜肌

辅助肌肉

★ 前锯肌、三角肌、臀大肌、股
四头肌、胫骨前肌、颈深屈肌

正面肌肉图

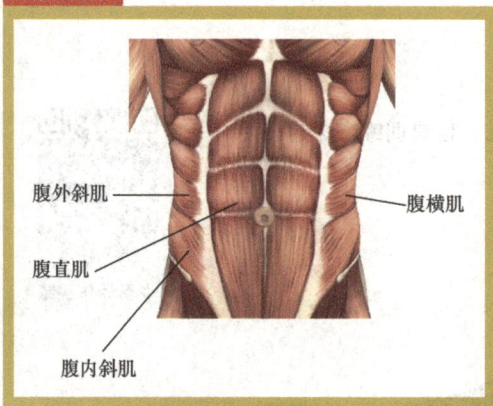

腹外斜肌
腹直肌
腹内斜肌
腹横肌

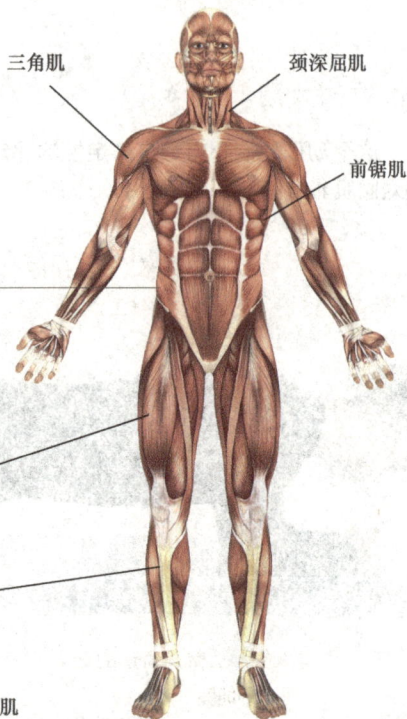

三角肌
颈深屈肌
前锯肌
股四头肌
胫骨前肌

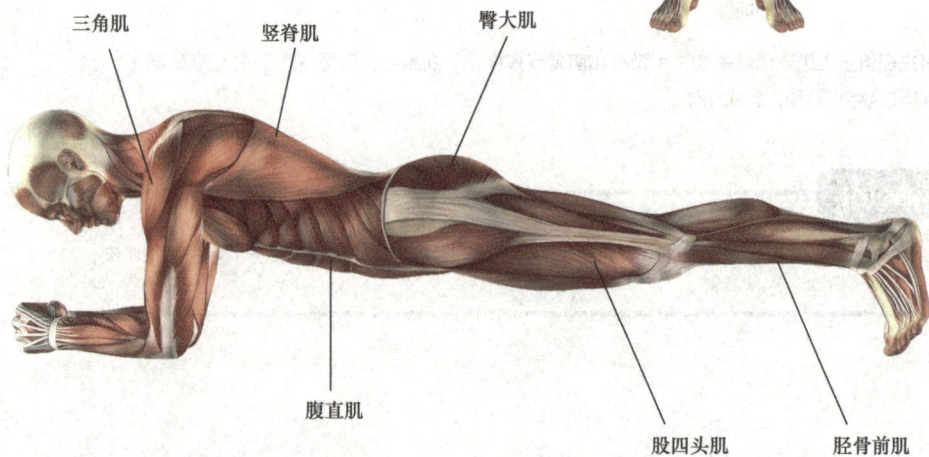

三角肌
竖脊肌
臀大肌
腹直肌
股四头肌
胫骨前肌

■ 俯卧撑轮 – 瑞士球 – 平板支撑

平板支撑过程中，利用腰腹力量维持脊椎中立并稳定，同时瑞士球的不稳定特性又可以增加腹部肌群的动态变化，以增进训练效果。

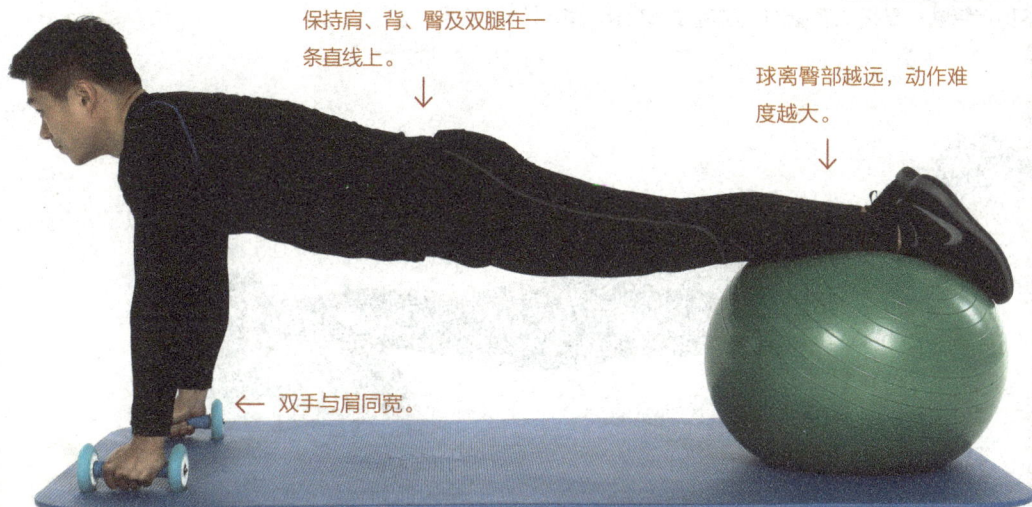

保持肩、背、臀及双腿在一条直线上。

球离臀部越远，动作难度越大。

← 双手与肩同宽。

将小腿和双脚放在瑞士球上，双手持俯卧撑轮，手臂垂直于地面，收紧腹部，绷紧全身，保持平衡支撑60秒。

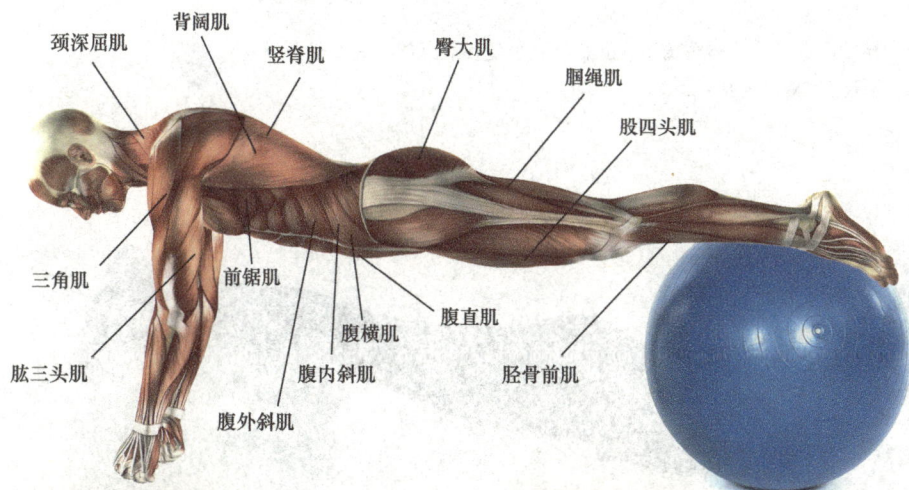

颈深屈肌
背阔肌
竖脊肌
臀大肌
腘绳肌
股四头肌

三角肌
前锯肌
腹横肌
腹内斜肌
腹外斜肌
肱三头肌
腹直肌
胫骨前肌

锻炼目标

★ 腹直肌、腹横肌、腹内斜肌、腹外斜肌

辅助肌肉

★ 前锯肌、三角肌、臀大肌、股四头肌、腘绳肌、胫骨前肌、颈深屈肌、竖脊肌、肱三头肌、背阔肌

第3章

■ 俯卧撑轮－瑞士球－俯卧撑

俯卧撑除了锻炼胸部肌肉，肋部、上臂后部及肩前部的肌肉也参与发力。同时加入瑞士球的不稳定特性，又增加了腹部肌群的动态变化，增进训练效果。

1 双手持俯卧撑轮，手臂垂直于地面，然后小腿和双脚放在瑞士球上，用双臂和双脚控制平衡。

需要身体保持平起平落。 注意膝关节不能弯曲。

2 手臂屈曲，身体降低到上臂与地面平行即可。动作过程中收紧腹部，保持身体在一条直线上。下降至最低点后持续1秒再回到起始动作。重复以上步骤至规定次数。

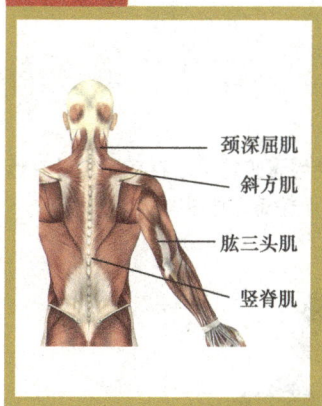

颈深屈肌
斜方肌
肱三头肌
竖脊肌

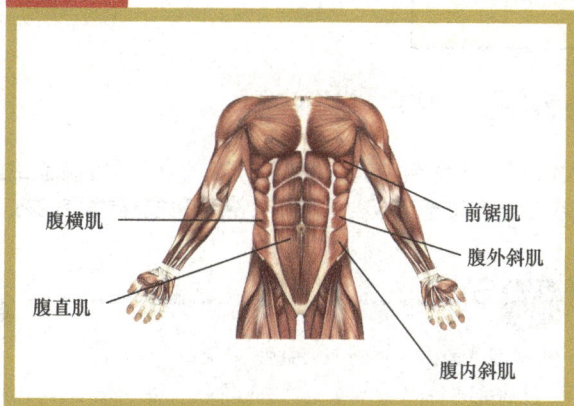

腹横肌
腹直肌
前锯肌
腹外斜肌
腹内斜肌

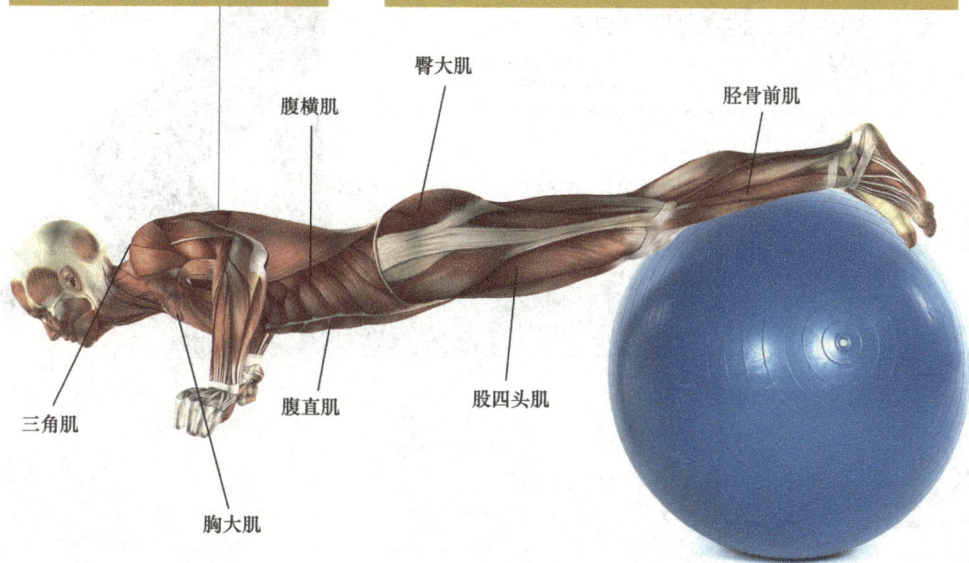

臀大肌
腹横肌
胫骨前肌
三角肌
腹直肌
股四头肌
胸大肌

锻炼目标

★ 胸大肌、腹直肌、腹横肌、腹外斜肌、腹内斜肌、肱三头肌

辅助肌肉

★ 前锯肌、三角肌、臀大肌、斜方肌、股四头肌、胫骨前肌、颈深屈肌、竖脊肌

扫二维码
观看动作视频

第3章

8 周腹肌训练计划

第3章

■ 腹肌轮－前滚－膝关节支撑

腹肌轮是一种结构简单、应用方便、效果明显的减腹工具。使用腹肌轮可以在家里做健腹运动，效果比传统的仰卧起坐好得多。使用膝关节支撑完成前滚是腹肌轮练习中的标准做法。

point

● 训练过程中以不要憋气为原则，下降时吐气，还原时吸气。
● 有控制地、缓慢地完成动作，避免因动作太快造成损伤。

1 从跪姿开始，双膝着地，把腹肌轮拿在手中。尽量绷紧腹部肌肉，并收紧下颌。

2 让身体有控制的逐渐下降，整个过程中都要保持用力，以维持身体稳定。

锻炼目标

★ 腹直肌、腹横肌、腹外斜肌、腹内斜肌、肱三头肌、胸大肌、背阔肌

辅助肌肉

★ 斜方肌、前锯肌、竖脊肌

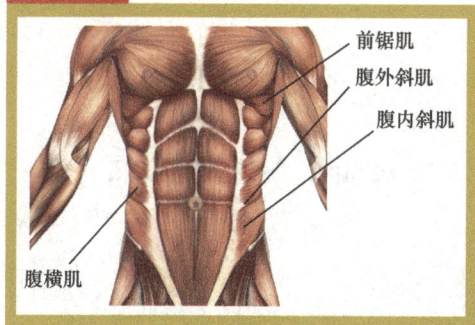

正面肌肉图

前锯肌
腹外斜肌
腹内斜肌
腹横肌

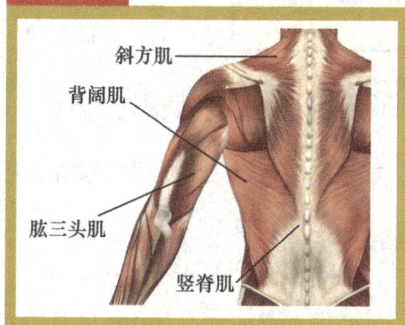

背面肌肉图

斜方肌
背阔肌
肱三头肌
竖脊肌

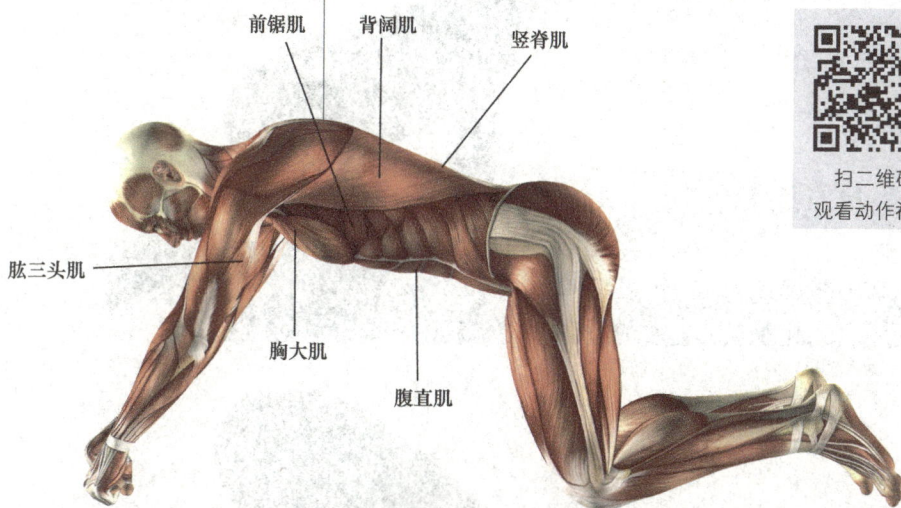

前锯肌　　背阔肌　　竖脊肌

肱三头肌

胸大肌　　腹直肌

扫二维码
观看动作视频

↑
收起时腹部
肌肉发力。

3 撑起身体，回到起始姿势。重复以上步骤至
规定次数。

第3章

■ 俯卧撑轮 – 肩背部拉伸

这个动作不仅对肩部起到拉伸效果，还可以刺激腹部肌肉，增强腰腹部的力量。

1 首先双膝跪地，手握俯卧撑轮，将其放在靠近膝关节的位置，手臂伸直。

背部挺直，臀部微微向后移动。
↓

给腹部压力。→

2 然后腿部保持不动，手臂前推，上半身跟随下压直到手臂与背部约呈一条直线，在该姿势停留1秒。

锻炼目标

★ 胸大肌、腹直肌、背阔肌

辅助肌肉

★ 腹横肌、腹外斜肌、腹内斜肌、三角肌、竖脊肌、指屈肌、指伸肌、斜方肌

斜方肌

三角肌

竖脊肌

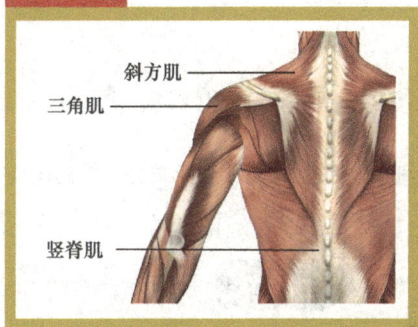

扫二维码
观看动作视频

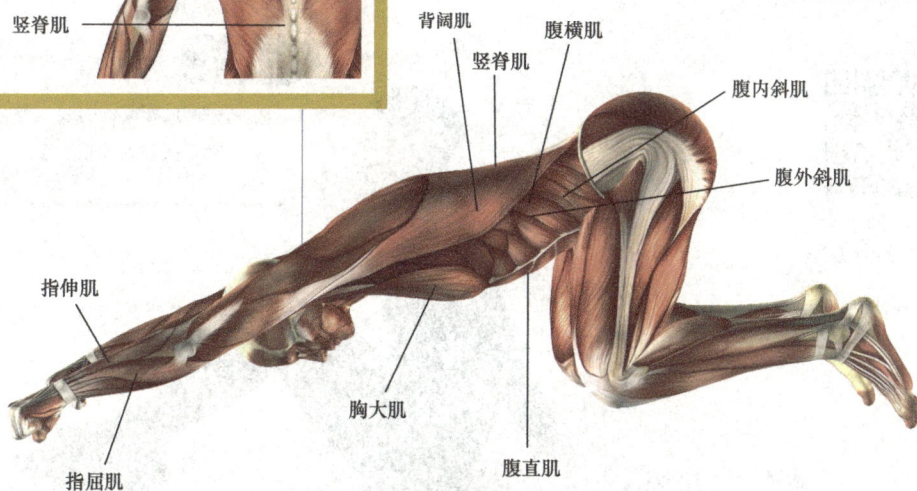

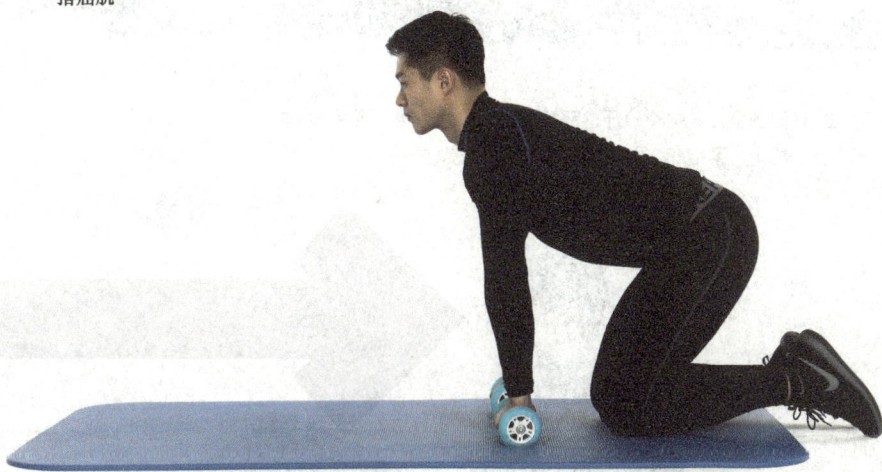

背阔肌

腹横肌

竖脊肌

腹内斜肌

腹外斜肌

指伸肌

指屈肌

胸大肌

腹直肌

3 最后，抬起上半身，回到起始姿势。重复以上步骤
至规定次数。

point

● 过程中背部保持挺直，不要弯曲。

● 腰部有伤者不能做此动作。

第3章

■ 俯卧撑轮－肩胸部拉伸

　　这个动作是向后移动双手以拉伸肩膀、胸部，在向后移动的过程中需要腹肌发力，控制运动的速度，对腹肌的训练非常有好处。

扫二维码
观看动作视频

point

双手向后移动的时候，要靠腹部肌肉发力控制速度。

后背微微弯曲，双手置于身后。→

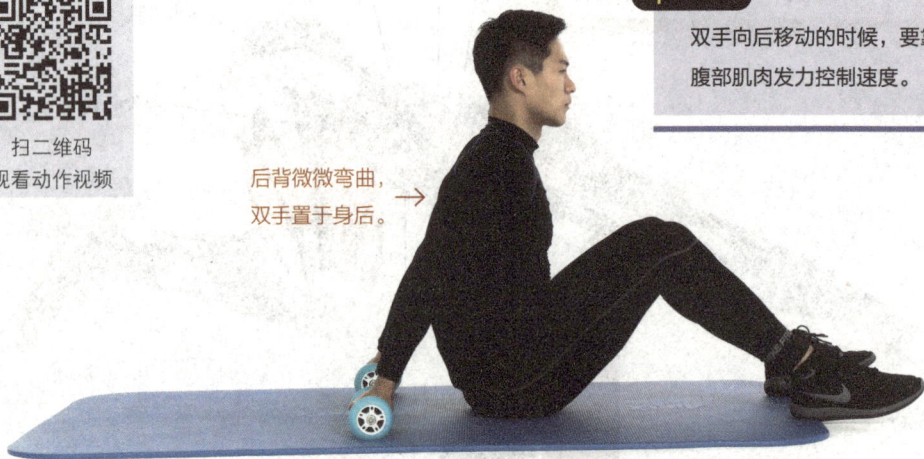

1 首先坐在瑜伽垫上，两腿分开，自然弯曲，双臂后摆，双手一手握一个俯卧撑轮，手指的方向指向身后，直臂支撑。

后移过程中，手臂保持伸直。→

腹部保持紧张。↓

2 接下来，双手向后移动，同时身体向后最大限度地倾斜。

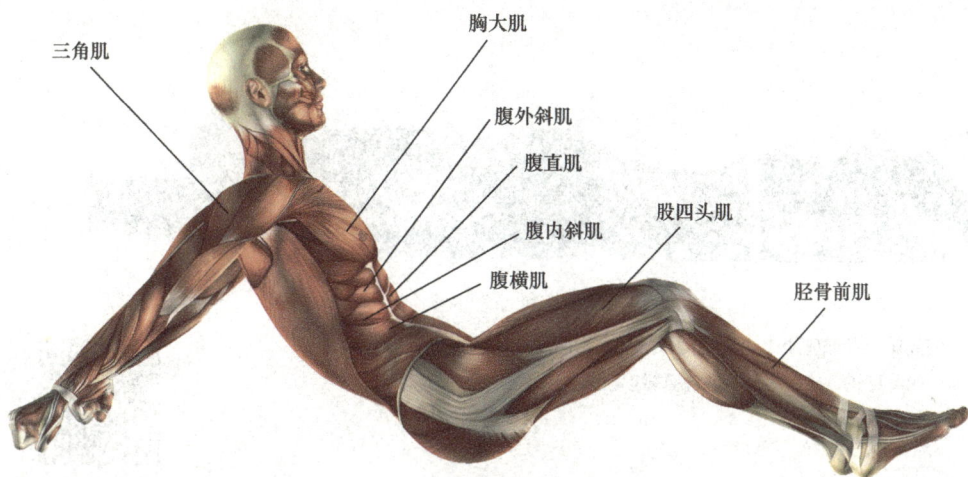

三角肌

胸大肌

腹外斜肌

腹直肌

腹内斜肌

股四头肌

腹横肌

胫骨前肌

两个俯卧撑轮之间的距离不变。→

3 最后用腹部力量拉回双手与上身，回到起始姿势。重复
以上步骤至规定次数。

第3章

■ 俯卧撑轮 – 腹部拉伸

这个动作对于久坐的人来说，也是很好的舒展身体的动作。它是坐姿的反向动作，可以很好地拉伸腹部肌肉。

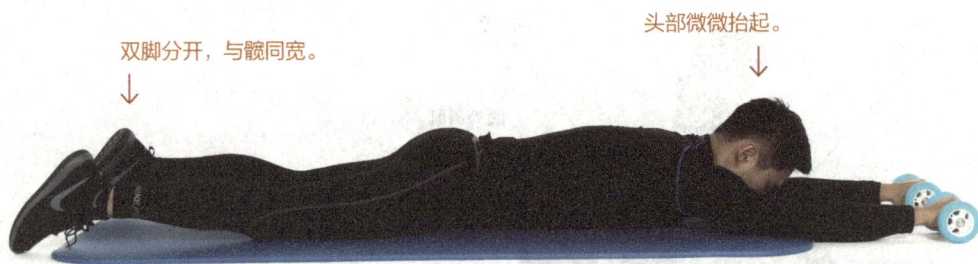

双脚分开，与髋同宽。
↓

头部微微抬起。
↓

1 首先俯卧在瑜伽垫上，双腿稍微分开，向后伸展，双手各握一个俯卧撑轮，放在头顶，头部微微抬起，下颌收紧。

扫二维码
观看动作视频

← 不要耸肩。

运动的过程中手肘保持伸直。
↓

2 双手往回拉，同时上半身慢慢向上抬起至最大幅度，保持胸椎向前向上伸展，双肩保持下沉。

锻炼目标

★ 腹直肌、竖脊肌、臀大肌、
　 腘绳肌

辅助肌肉

★ 腹横肌、腹外斜肌、腹内斜肌、指伸
　 肌、指屈肌、三角肌

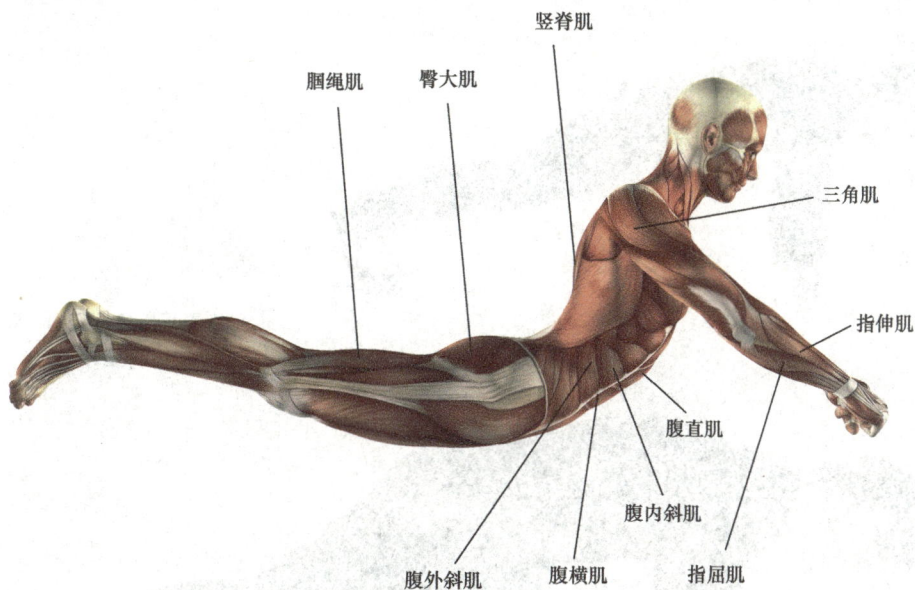

竖脊肌

腘绳肌　　臀大肌

三角肌

指伸肌

腹直肌

腹内斜肌

腹外斜肌　　腹横肌　　指屈肌

双脚分开，与髋同宽。

头部微微抬起。

3 手臂渐渐向前推进，让腰部、胸部、手臂依次回落地面，回到
　 起始姿势。重复以上步骤至规定次数。

第 3 章

8 周腹肌训练计划

第3章

■ 俯撑-滑贴-交替登山

这个动作通过腹部肌肉收缩，交替提膝，达到提高心率和燃烧脂肪的目的，有效锻炼腹肌。

扫二维码
观看动作视频

1 直臂平板支撑姿势，双脚前脚掌踩于滑贴上。

2 保持背部平直，核心收紧。一侧腿屈髋屈膝使膝关节接近手臂。

point

● 运动过程中避免身体晃动。

● 双臂伸直，置于肩部正下方。

锻炼目标

★ 三角肌、腹直肌、腹外斜肌、腹内斜肌、腹横肌、髂腰肌

锻炼目标

★ 股四头肌、缝匠肌

正面肌肉图

- 三角肌
- 腹直肌
- 髂腰肌
- 缝匠肌

腹内斜肌
腹外斜肌

腹横肌
腹直肌
股四头肌

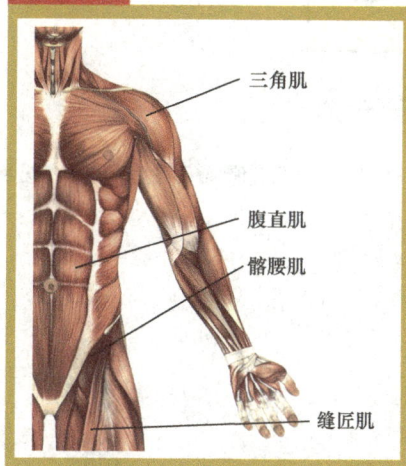

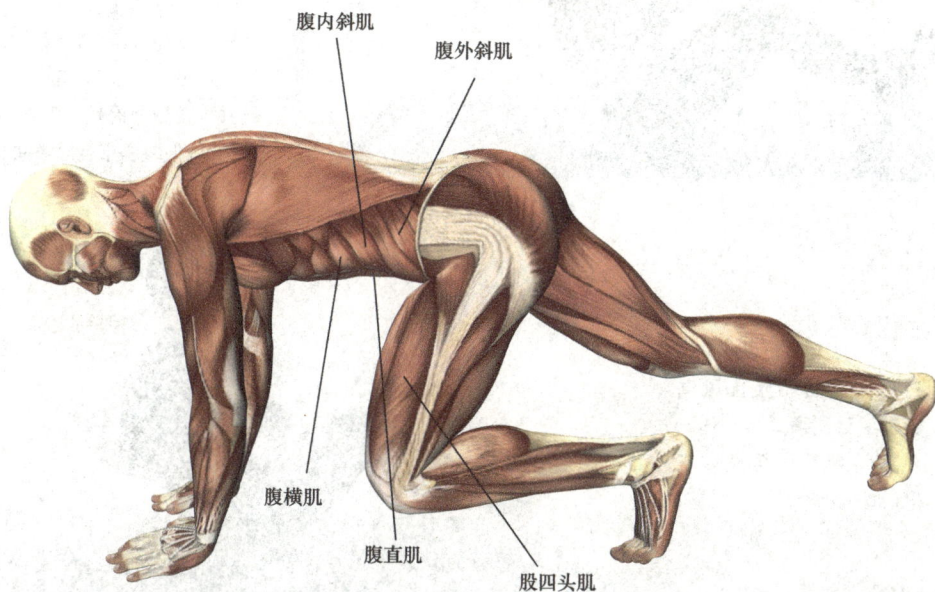

3 屈膝腿伸直，同时换另一侧腿屈髋屈膝重复动作。左右交替，重复以上步骤至规定次数。回到起始位置。

8 周腹肌训练计划

第 3 章

■ 俄罗斯转体

这个动作是一个经典的腰腹部锻炼方法，主要针对腹内外斜肌，也就是人们常说的人鱼线。

扫二维码
观看动作视频

双脚不要落地。

背部要向后倾斜，增加难度。

1 首先坐在瑜伽垫上，双手握住一个哑铃，放在胸前。双腿并拢，微微抬起，离开瑜伽垫。同时膝关节自然弯曲。

肩部和手臂要保持放松。

2 然后向右转动腰部和肩部，手臂无须太大动作，直到将哑铃移至身体右侧，同时呼气。

正面视角

point

- 背部有伤的人不宜做此动作。
- 可增加负重，或者背部向后倾斜更多来增加动作难度。

正面肌肉图

腹内斜肌

腹外斜肌

腹直肌

腹横肌

髂腰肌

股四头肌

三角肌

股四头肌

胫骨前肌

肱二头肌

膝关节在运动过程中
一直保持稳定。

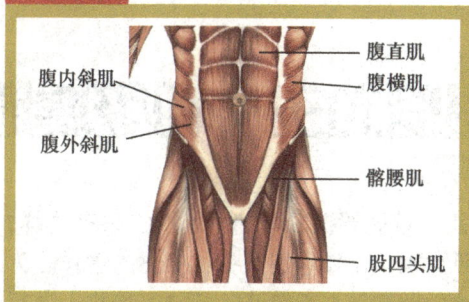

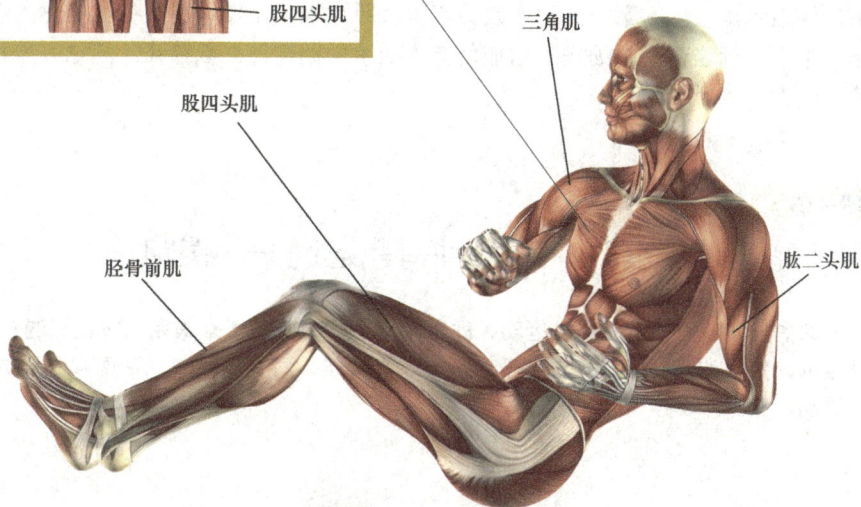

3 最后向反方向做同样的动作。左右交替，重复以上步骤至规定次数。

锻炼目标

★ 腹横肌、腹内斜肌、腹外斜肌、腹直肌

辅助肌肉

★ 股四头肌、髂腰肌、胫骨前肌、肱二头肌、三角肌

第3章

3.2 第3～4周：燃脂为主，初级虐腹

燃脂是本章训练的主要目的。想要练成腹肌，首先要消除掉部分脂肪。只有这样，腹肌才能显示出来。本章中的动作以锻炼腹直肌为主，比如卷腹的各种变化的动作。为了增加难度，建议在基本动作上增加负荷（如手里握哑铃、杠铃片、药球等重物）进行训练。

第一步

40～60分钟有氧运动——慢跑

慢跑是一种中等强度的有氧运动，即以较慢或中等的节奏来跑完一段较长的距离，达到热身或锻炼的目的。慢跑时要求躯干伸直，双臂微屈，两手轻握拳，双臂前后摆动，头不要左右摆动。

长期坚持慢跑可以使情绪饱满乐观，有助于增进食欲，加强消化功能，促进营养吸收。

可以很好地锻炼心脏功能，同时防止肺组织弹性衰退，预防肌肉萎缩，预防冠心病、高血压和动脉硬化等。

长期坚持慢跑，可有效燃烧体内的脂肪，使体脂减少、肌肉量增加，塑形效果好。

point

- 节奏由慢至快，尽量减少大的起伏。可使用鼻吸口呼或者鼻吸鼻呼的呼吸方式，呼吸节奏与跑步尽量一致。
- 腰部、膝关节和踝关节有伤者应根据自身情况或医生建议选择合适的速度。

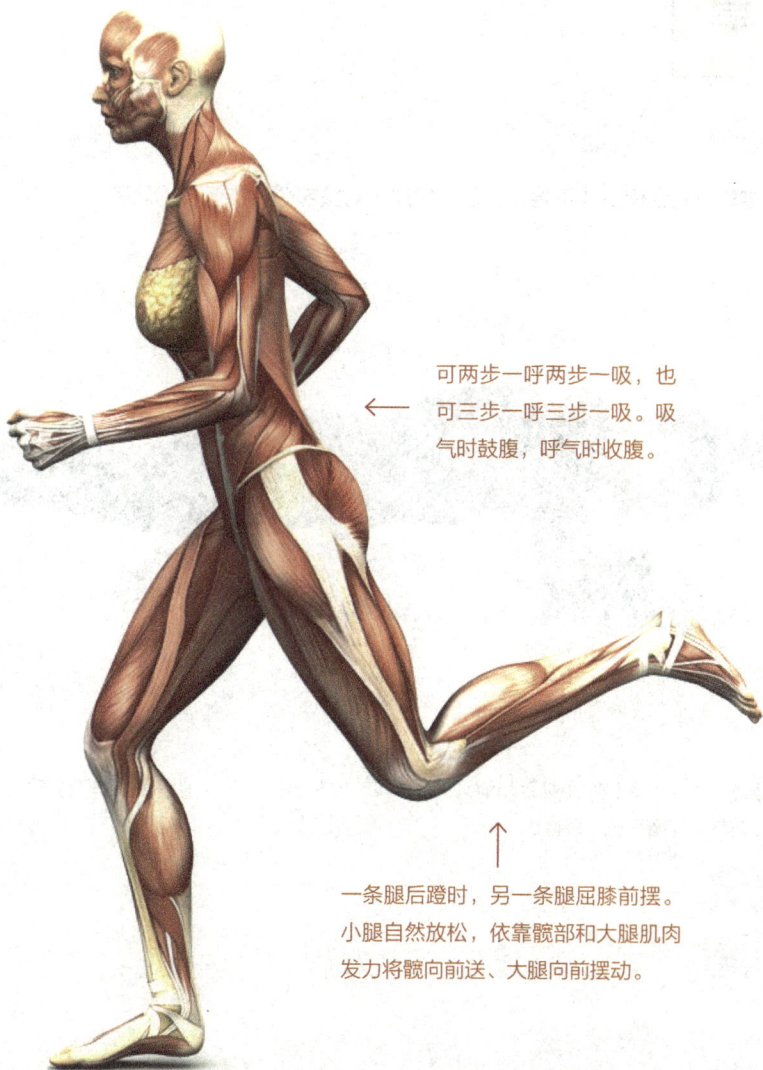

可两步一呼两步一吸，也
可三步一呼三步一吸。吸
气时鼓腹，呼气时收腹。

一条腿后蹬时，另一条腿屈膝前摆。
小腿自然放松，依靠髋部和大腿肌肉
发力将髋向前送、大腿向前摆动。

第二步

40 ～ 60 分钟虐腹练习

总时长	动作次数	间歇时长
建议隔天练习一次，每次不低于40分钟。	单个动作做20次左右，可均分为3组进行。	单组之间休息不超过1分钟，不同项目之间不超过5分钟。

第3章

■ 平板支撑 – 交替伸臂

单臂支撑的方式会使身体不稳定，从而增加了对腹部两侧的肌肉的训练。

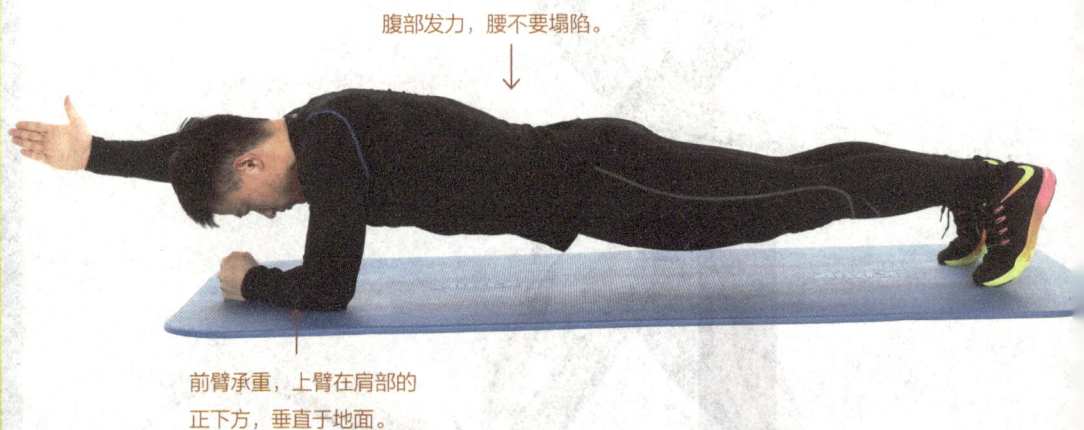

腹部发力，腰不要塌陷。

前臂承重，上臂在肩部的
正下方，垂直于地面。

1 首先保持俯卧姿势，用脚趾和前臂支撑体重。肘关节呈90°，并置于肩膀下。然后向前上方伸出右臂，与躯干呈一条直线。

2 右臂收回至支撑姿势，左臂向前上方伸直与躯干呈一条直线。保持该姿势60秒。

锻炼目标

★ 腹直肌、腹横肌、腹内斜肌、腹外斜肌

辅助肌肉

★ 三角肌、臀大肌、肱三头肌、斜方肌、腘绳肌

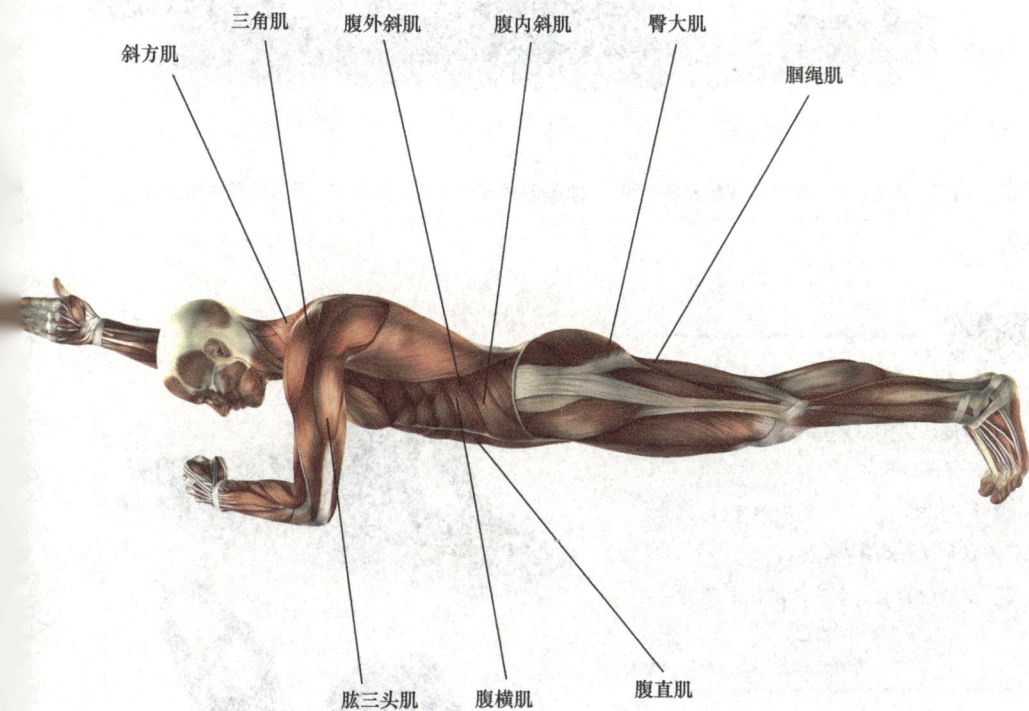

斜方肌　　三角肌　　腹外斜肌　　腹内斜肌　　臀大肌　　腘绳肌

肱三头肌　　腹横肌　　腹直肌

第 3 章

■ 哑铃 – 仰卧 – 过顶卷腹

过顶卷腹属于卷腹的一种变式，将基本卷腹在胸前放哑铃的负重方式改成了将哑铃放在头顶，这样可以增加阻力臂的长度，从而提高对腹部肌肉的刺激。

扫二维码
观看动作视频

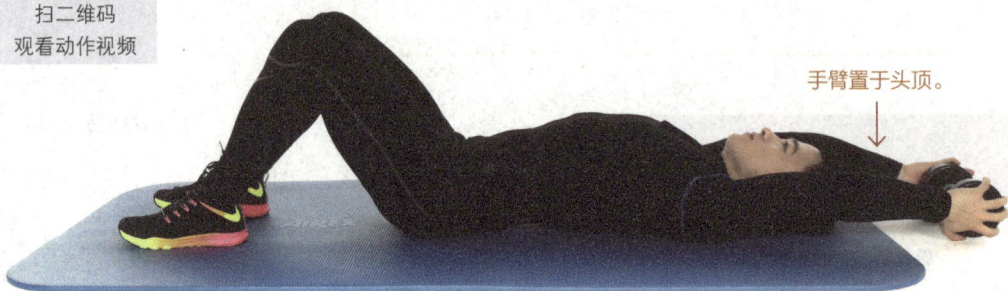

手臂置于头顶。

1 首先，仰卧在瑜伽垫上，双腿自然弯曲，双脚踩在垫子上。双手握住一个哑铃放于头顶上方。

point

● 腹部卷起，但不要试着抬起整个背部，只需向前呈蜷缩状态，抬起上背即可。

● 在动作的最高处，有意停留1秒，以充分刺激腹部肌肉。

● 做卷腹运动躺下去的动作时，脖颈不要完全贴合地面。

45° 视角

锻炼目标

★ 腹直肌

辅助肌肉

★ 腹横肌、腹外斜肌、腹内斜肌、背阔肌、髂腰肌、前锯肌

2 然后上身向前卷起，带动肩胛骨离开垫面。到达最高点保持1秒，最后缓慢还原。重复以上步骤至规定次数。

向前卷起时呼气，回到起始姿势吸气。

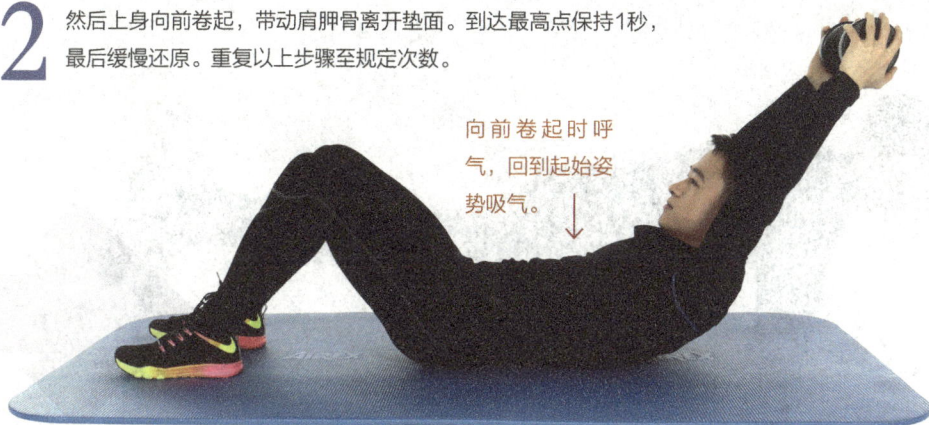

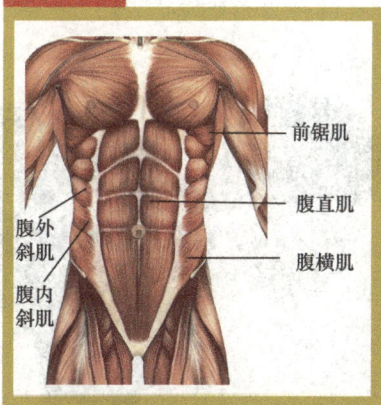

正面肌肉图

前锯肌

腹直肌

腹横肌

腹外斜肌

腹内斜肌

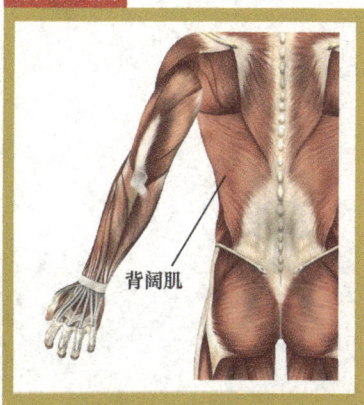

背面肌肉图

背阔肌

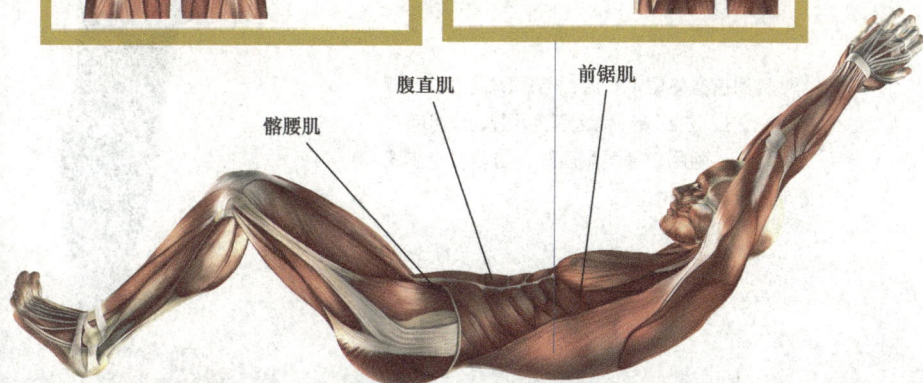

髂腰肌

腹直肌

前锯肌

第 3 章

■ TRX- 交替登山

这个动作通过悬挂的绳索提供不稳定性和交替收提膝的方式,有效锻炼腹部肌肉,并且提高身体的稳定性。

扫二维码
观看动作视频

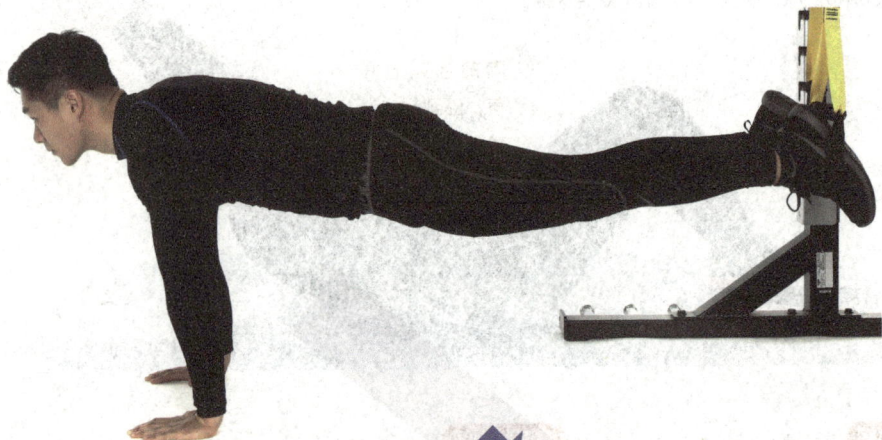

1 直臂平板支撑姿势,双脚放在TRX的把手上。

2 保持身体稳定,腹部与髋部发力,一侧腿屈髋屈膝,使大腿尽可能向胸部靠近。两侧交替屈髋屈膝,重复以上步骤至规定次数。

锻炼目标

★ 三角肌、腹直肌、腹外斜肌、
  腹内斜肌、腹横肌、髂腰肌

辅助肌肉

★ 股四头肌、缝匠肌

point

● 核心收紧，保持背部平直。

● 运动过程中，髋部不要起伏，保
  持身体处于中立状态。

正面肌肉图

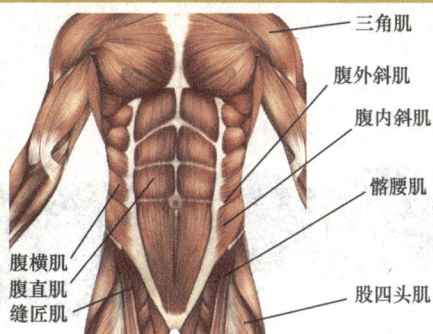

- 三角肌
- 腹外斜肌
- 腹内斜肌
- 髂腰肌
- 腹横肌
- 腹直肌
- 缝匠肌
- 股四头肌

第3章

■ 腹肌轮 – 俯卧撑

这个动作主要锻炼上肢及腹部的肌肉，是十分有效的力量训练。加上腹肌轮带来的不稳定性，可以更好地增强腹部肌肉的力量和稳定性。

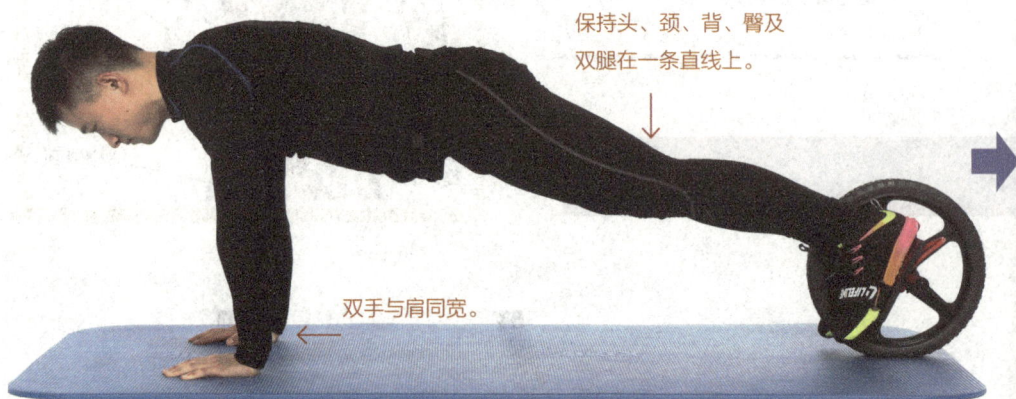

保持头、颈、背、臀及
双腿在一条直线上。

双手与肩同宽。

1 首先，双脚固定在腹肌轮上，双臂垂直于地面，双手分开与肩同宽，支撑在垫子上，用双臂和
双脚控制平衡。

point

● 每次下降时吸气（只能用鼻），撑起时呼气（可以用鼻和口）。

● 高姿势的俯卧撑的特点是脚低肩高，这种姿势适合初学者和力
量不大的人；中姿势的俯卧撑要求肩和脚在同一水平线上，适
合有一定力量基础的训练者；低姿势的俯卧撑练习时，脚高肩
低，可将脚放置在矮凳上、床沿上进行，这种姿势的俯卧撑是
难度最大的一种。

扫二维码
观看动作视频

锻炼目标

★ 腹直肌、胸大肌、肱三头肌

辅助肌肉

★ 胸小肌、腹横肌、腹外斜肌、腹内斜肌、股四头肌、斜方肌、三角肌、前锯肌

正面肌肉图

胸大肌　胸小肌

前锯肌

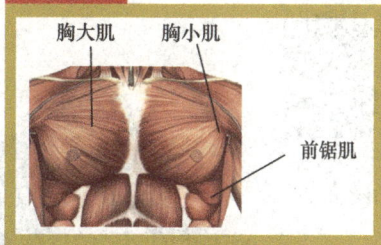

上半身与下半身保持一条直线，下落时臀部不翘起。

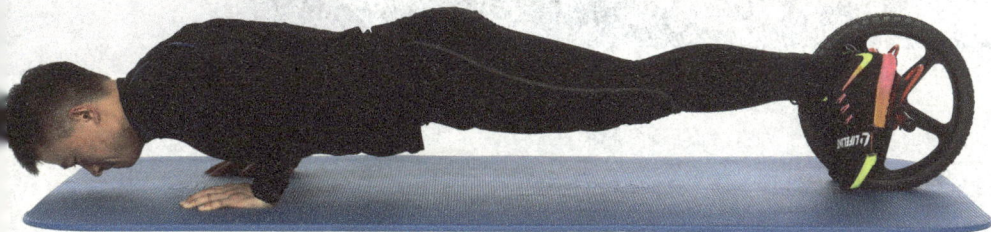

2 双臂屈曲，身体降低到靠近垫面。收紧腹部，保持身体在一条直线上。在最低点保持1秒再回到起始姿势。重复以上步骤至规定次数。

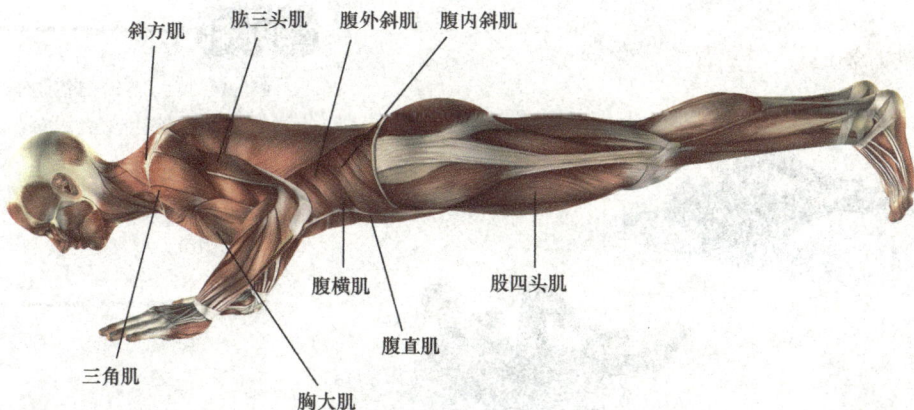

斜方肌　　肱三头肌　　腹外斜肌　　腹内斜肌

腹横肌　　股四头肌

腹直肌

三角肌

胸大肌

第 3 章

■ 哑铃 – 仰卧 – 循环卷腹

这个动作适合有一定腹肌练习基础的健身爱好者。该动作可进一步提高腹部肌肉的力量和耐力，是最佳的综合性腹肌锻炼方法。

扫二维码
观看动作视频

双手握一个哑铃，放于胸前。

1 首先平躺在瑜伽垫上，双腿自然弯曲，脚掌贴于地面，双手握一个哑铃放于胸前。

2 腹部肌肉收缩，将上半身抬起，向膝关节靠近，在动作最高处停留1秒。

→ **45° 视角**

point

● 做卷腹运动躺下去的动作时，脖颈不要完全贴合地面。

● 做卷腹时要配合好呼吸，发力抬起上半身时呼气，还原时吸气。

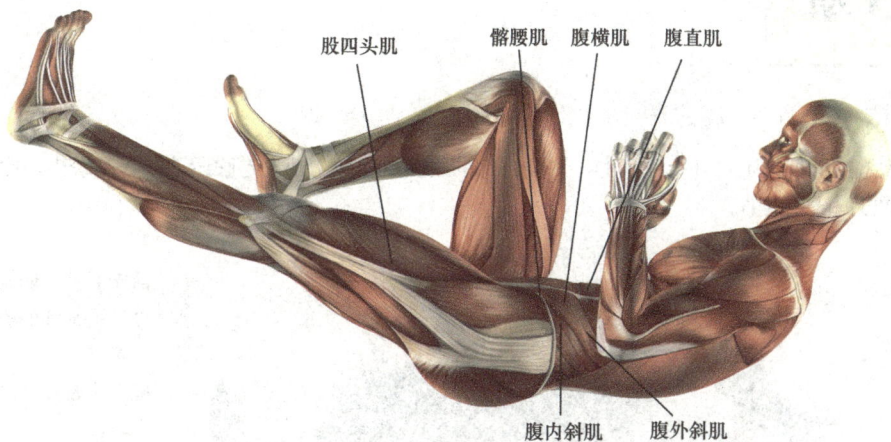

股四头肌　髂腰肌　腹横肌　腹直肌

腹内斜肌　腹外斜肌

锻炼目标

★ 腹直肌、腹外斜肌、腹内斜肌、腹横肌

辅助肌肉

★ 髂腰肌、股四头肌

双腿始终保持悬空状态。↓

3 双腿向上抬起，左腿保持弯曲，然后右脚蹬出伸直。

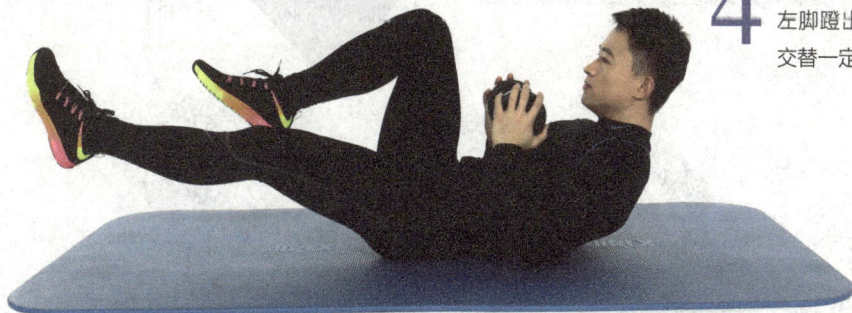

4 右脚收回，同时左脚蹬出。两腿交替一定次数。

第3章

■ 哑铃 – 仰卧 – 基本卷腹

卷腹是在仰卧起坐基础上改版的，主要锻炼的是腹直肌的上部。卷腹运动的幅度较小，更安全，对腰椎的压力更小。

两腿分开，最好与肩同宽。
↓

1 首先仰卧在瑜伽垫上，双腿自然弯曲，脚掌贴于地，双手握一个哑铃，放于胸前。

背部紧贴瑜伽垫。

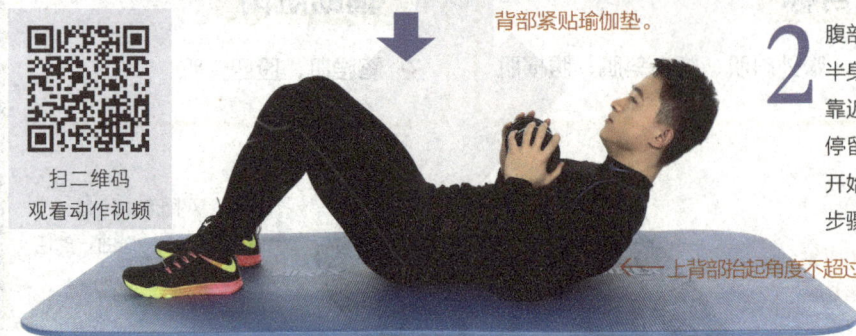

扫二维码
观看动作视频

2 腹部肌肉收缩，将上半身抬起，向膝关节靠近，在动作最高处停留2秒，然后回到开始位置。重复以上步骤至规定次数。

←—— 上背部抬起角度不超过45°。

point

● 腹部卷起，但不要试着抬起整个背部，只需将上半身抬起约45°即可。

● 在动作的最高处停留1秒，充分锻炼腹部肌肉。

锻炼目标

★ 腹直肌

辅助肌肉

★ 腹横肌、腹外斜肌、腹内斜肌、胫骨前肌、股四头肌、三角肌

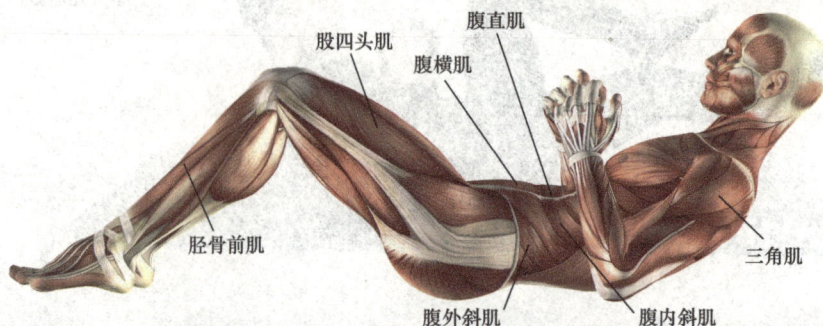

股四头肌　腹直肌
　　　腹横肌

胫骨前肌

腹外斜肌　腹内斜肌

三角肌

■ 哑铃 - 仰卧 - 举腿

这个动作主要针对的肌群是腹直肌下部，协同肌肉有腹横肌、腹外斜肌、腹内斜肌等。

双脚间夹一个哑铃。

1 首先仰卧在瑜伽垫上，背部一定要紧贴在瑜伽垫上。然后两腿并拢并且自然伸直，双脚夹住一个哑铃，双臂微微展开，手心朝下，掌握平衡。

双腿保持笔直。

扫二维码
观看动作视频

2 然后呼气，用腹部的力量把腿举起至与地面之间的夹角约为45°。不要抬到和地面垂直。在最高的位置停留1秒后放下。重复以上步骤至规定次数。

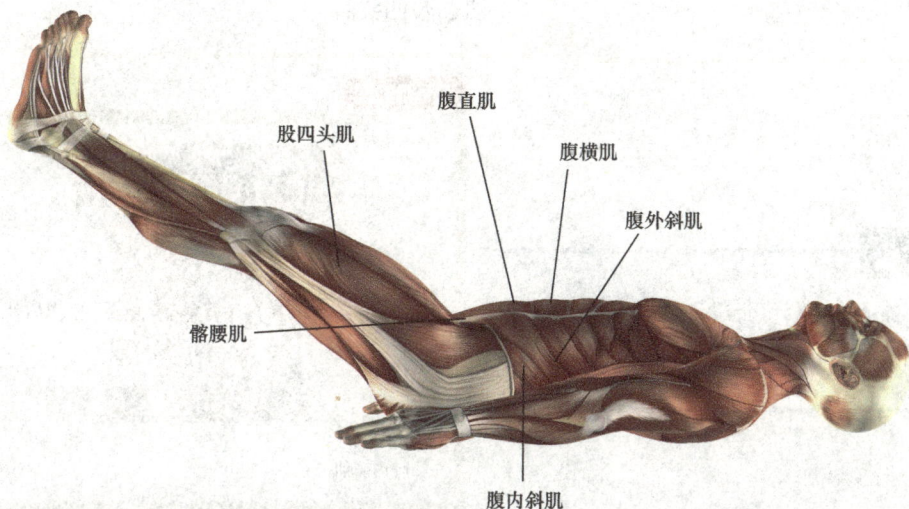

股四头肌
腹直肌
腹横肌
腹外斜肌
髂腰肌
腹内斜肌

第3章

➡️ 45° 视角

锻炼目标

★ 腹直肌

辅助肌肉

★ 腹横肌、腹外斜肌、腹内斜肌、髂腰肌、股四头肌

point

● 举腿时，躯干和下背部要紧贴在瑜伽垫上。
● 动作应缓慢，尽量减少身体摇晃。

正面肌肉图

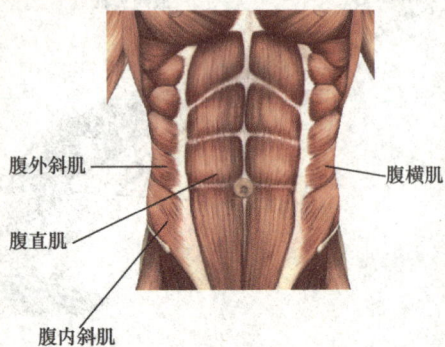

腹外斜肌
腹直肌
腹内斜肌
腹横肌

■ 哑铃－仰卧－直腿卷腹

直腿卷腹是卷腹中的一种花式做法，动作要领与一般卷腹相同，只是动作全程保持双腿垂直抬起，增加了卷腹的难度。

1 首先平躺在瑜伽垫上，双手握一个哑铃，放于胸前，收缩腹部肌肉，把注意力集中在腹部，用腹部的力量，把双腿抬离地面，抬起的高度约垂直于地面。

← 腿部抬起时，膝关节可以稍微弯曲。

2 然后慢慢抬起双肩和上半身，向膝关节靠近，在动作最高处停留2秒，最后放低双肩，回到开始位置。重复以上步骤至规定次数。

扫二维码
观看动作视频

股四头肌

腹直肌

腹内斜肌　腹横肌　腹外斜肌

锻炼目标

★ 腹直肌

辅助肌肉

★ 腹横肌、腹外斜肌、腹内斜肌、股四头肌

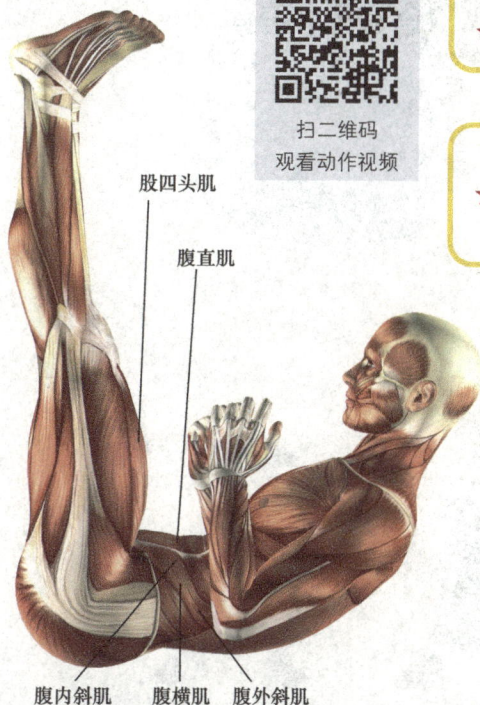

point

● 抬起上半身的时候，脖颈和肩膀不要用力，要尽量用腹部的力量。

● 若双腿抬起时后侧肌肉过于紧绷不适，可以适当弯曲膝关节。

第3章

■ 哑铃－瑞士球－仰卧－臀桥稳定旋转

这个动作可以训练多处的肌肉群，这些肌肉群在保持身体平衡、改善身体姿势及预防运动损伤等方面发挥着重要作用。

扫二维码
观看动作视频

1 上背部躺在瑞士球上，双脚稳固地踩在地面上，膝关节屈曲，双脚与瑞士球之间的距离应使膝关节呈90°。臀部保持抬起，使大腿与躯干在一条直线上，脖子始终保持不动。双手握哑铃，垂直向上伸展。

从头到膝关节要在一条水平线上。

让上背部贴紧瑞士球。

➡ **正面视角**

腹横肌　　腹直肌

股四头肌

腹外斜肌

腹内斜肌

臀大肌

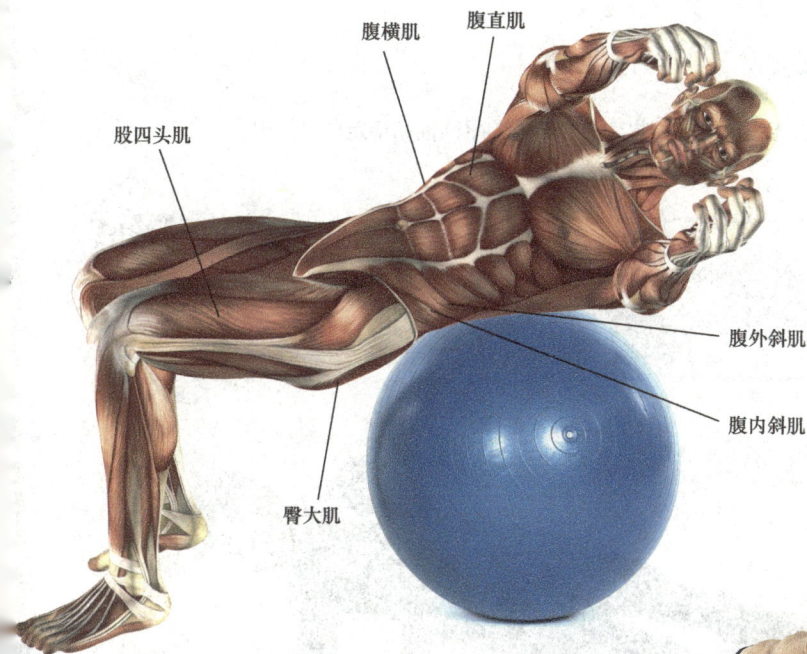

在动作顶峰，要保
持腹肌的紧张。　→

2 双臂保持不动，收紧腹部，慢慢旋转到一边，停留1秒，再
回到起始动作。左右交替，重复以上步骤至规定次数。

锻炼目标

★ 腹内斜肌、腹外斜肌、腹横肌、腹直肌

辅助肌肉

★ 臀大肌、股四头肌

第3章

■ 哑铃 – 侧桥 – 单臂飞鸟

这个动作可以有效地锻炼侧腹肌肉，起到提高身体的平衡性和稳定性的作用。

point

- 眼睛要盯着哑铃的位置，头部跟随哑铃转动。
- 不要只用肘部支撑身体，而是用前臂承重。

扫二维码
观看动作视频

臀部不要向后移动或
倾斜，身体要直。

1 首先侧身，身体保持笔直，肘关节置于肩部正下方，前臂支撑，把身体撑起，双脚并拢置于垫子上，位于上方的手握哑铃。腹部肌肉收紧，保持稳定。

➡ **45° 视角**

锻炼目标

★ 腹外斜肌、腹内斜肌、腹直肌、腹横肌、三角肌、肱三头肌、肱二头肌

辅助肌肉

★ 臀中肌、股四头肌、臀大肌、竖脊肌

2 身体保持稳定，握哑铃的手向上移动，同时上半身向上转，直至握哑铃的手与地面垂直，手臂微微弯曲。然后缓慢回到起始动作。重复以上步骤至规定次数。换另外一侧重复。

手臂可微微弯曲。 →

脚、小腿、大腿、腰成一条直线。
↓

背面肌肉图

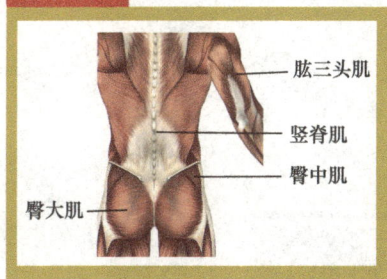

肱三头肌
竖脊肌
臀中肌
臀大肌

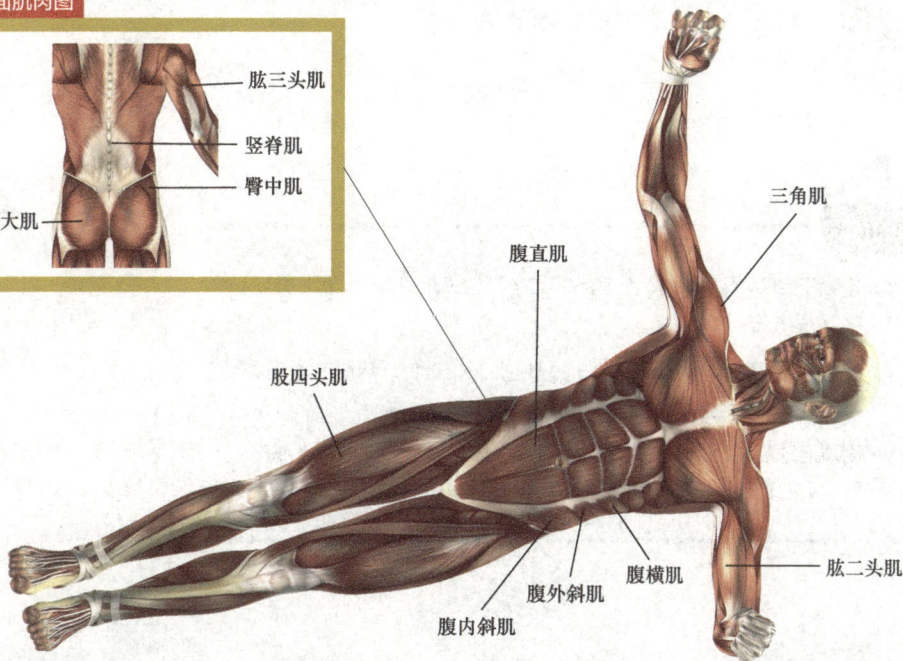

三角肌
腹直肌
股四头肌
肱二头肌
腹外斜肌
腹横肌
腹内斜肌

第 3 章

8 周腹肌训练计划

第3章

3.3 第5～6周：燃脂为主，进阶虐腹

　　主要以饮食控制配合运动来燃烧脂肪。可以选择篮球、骑车、游泳等有氧训练，这些训练都能够有效地消耗卡路里。此外，还需对腹肌进行持续的刺激。在这个阶段，腹部肌肉的线条逐渐成形。

第一步

40～60分钟有氧运动——篮球

　　篮球运动将跑、跳、传、投等项目结合在一起，是非常受大众尤其是男性喜爱的运动。打篮球不仅可以帮助身体消耗掉大量脂肪，同时可以全面提升爆发力及敏捷性。

　　打篮球时经常需要跳。跳跃可以锻炼下肢肌肉的力量，可以很好地刺激骨骼，预防骨质疏松。

　　篮球运动会消耗掉大量的热量，促进胃肠蠕动，增强全身肌肉，从而提高整个肌体的代谢。

point

- 打篮球会极大地消耗体力，因此不宜一次性长时间运动，最好控制在1小时左右。
- 刚进行完剧烈运动，身体会排出大量的汗液。此时，尽量不要喝碳酸饮料，以避免钙质流失。
- 剧烈运动后，选择一些舒缓的项目放松身体。不要立刻久坐或躺卧，更不要立刻进入睡眠。

打篮球时运动相对剧烈，最好选择专业的篮球鞋，以防扭伤脚踝。

选择适合自己的篮球衣。不穿过大的衣服妨碍活动，同样不要选择过紧的衣服禁锢手脚。

篮球是一种冲击力和对抗性比较强的运动，必要时选择穿戴运动护具，保证运动中身体不受损伤。

第3章

40～60分钟虐腹练习

总时长		动作次数		间歇时长
建议隔天练习一次，每次不低于40分钟。	➡	单个动作做20次左右，可均分为3组进行。	➡	单组之间休息不超过1分钟，不同项目之间不超过5分钟。

■ 平板支撑 – 交替抬腿

交替抬腿的过程中身体是靠单腿进行支撑的，可以增加该练习的不稳定性，对腹部两侧的肌肉有更好的锻炼效果。

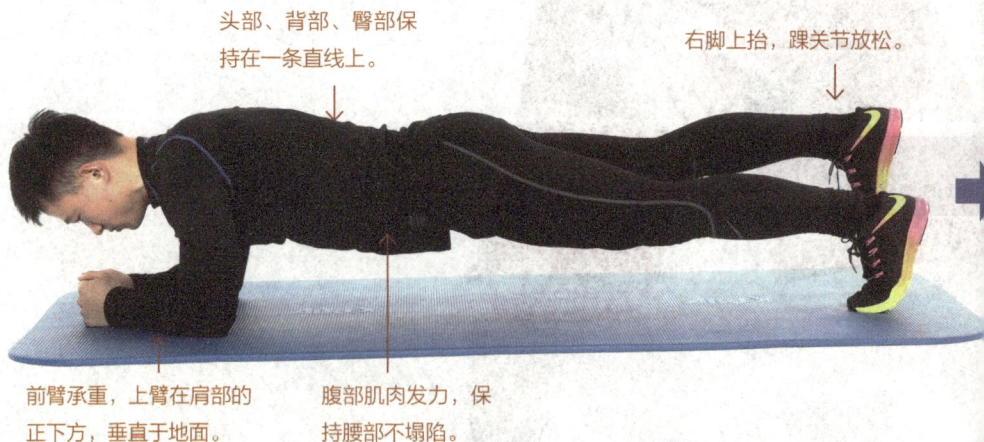

头部、背部、臀部保持在一条直线上。

右脚上抬，踝关节放松。

前臂承重，上臂在肩部的正下方，垂直于地面。

腹部肌肉发力，保持腰部不塌陷。

1 保持俯撑姿势，手臂屈曲，用手肘支撑在垫子上。双手握拳，两侧前臂形成一个三角形，可以提高身体的稳定性。头、背、腰、臀、腿保持在一个直线上。左脚以前脚掌着地，右脚上抬至约与地面平行，保持整个姿势。

锻炼目标

★ 腹直肌、腹横肌、腹内斜肌、腹外斜肌、臀大肌

辅助肌肉

★ 三角肌、股四头肌、肱三头肌、腘绳肌

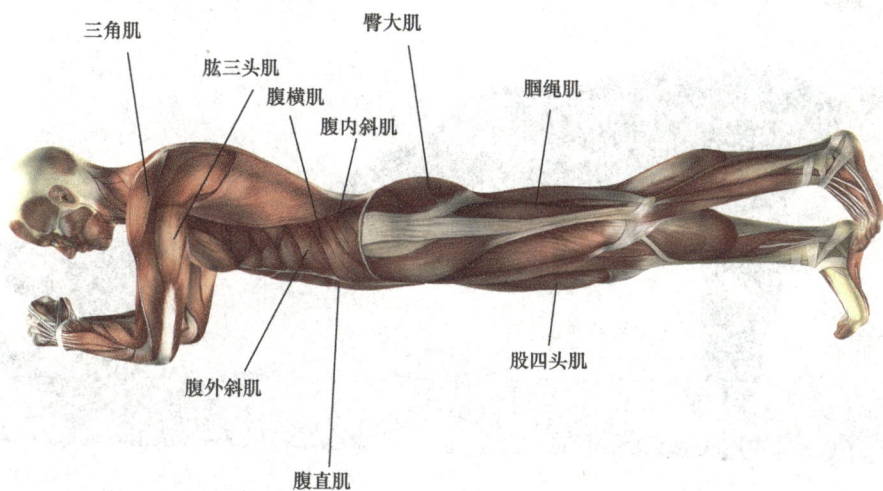

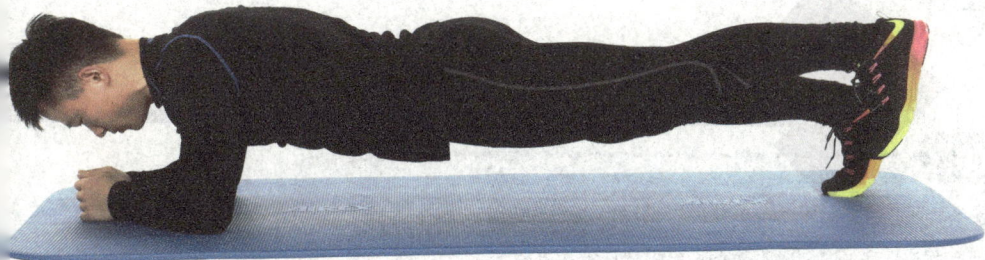

三角肌

肱三头肌

腹横肌

臀大肌

腹内斜肌

腘绳肌

腹外斜肌

股四头肌

腹直肌

2 坚持1~3秒以后，右脚落下，换左脚向上抬起。要注意换脚时，脚尖落地的位置不要发生变化。重复以上步骤至规定次数。

第3章

■ 腹肌轮－屈膝屈髋练习

因为腹肌轮能够提供左右的不稳定性，所以这个动作可以有效且直接地锻炼到腹部肌肉。

头部不要抬起，保持下颌内收。
↓

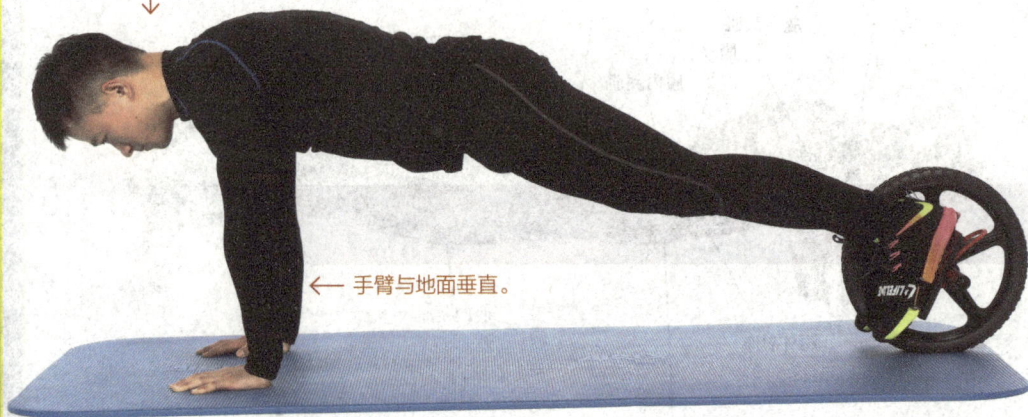

← 手臂与地面垂直。

1 将双脚固定在腹肌轮上，然后双手与肩同宽，伸直，置于肩部正下方，做出俯卧撑的准备姿势。

point

● 双脚固定在腹肌轮上时，腿部保持挺直，稳定腹肌轮。

● 膝关节向身体方向运动时呼气，回到开始位置时吸气。

锻炼目标

★ 腹直肌

辅助肌肉

★ 腹横肌、腹外斜肌、腹内斜肌、肱三头肌、三角肌、髂腰肌、股四头肌

腰背蜷缩在一起，背部上拱。
↓

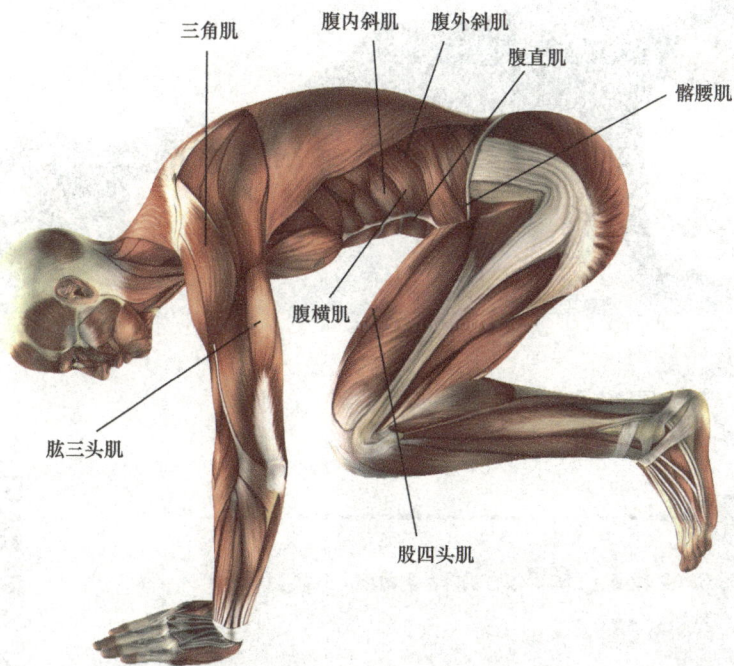

2 保持手臂和肩部不动，将膝关节向身体方向运动，使腹肌轮向前滚动。当膝关节向身体方向移动至最大幅度时，在这个姿势下保持1秒。然后缓慢伸直双腿，使腹肌轮向后滚动，回到开始位置。重复以上步骤至规定次数。

三角肌

腹内斜肌   腹外斜肌

腹直肌

髂腰肌

腹横肌

肱三头肌

股四头肌

第3章

■ 腹肌轮 – 纵向爬行

这个动作在爬行的时候需要很强的腹部力量，来保证脊椎处于稳定中立的位置。

臀部微微后翘保持平衡。

手臂要垂直于地面。

1 首先将双脚固定在腹肌轮的两侧，双手与肩同宽撑地，做出俯卧撑的姿势。

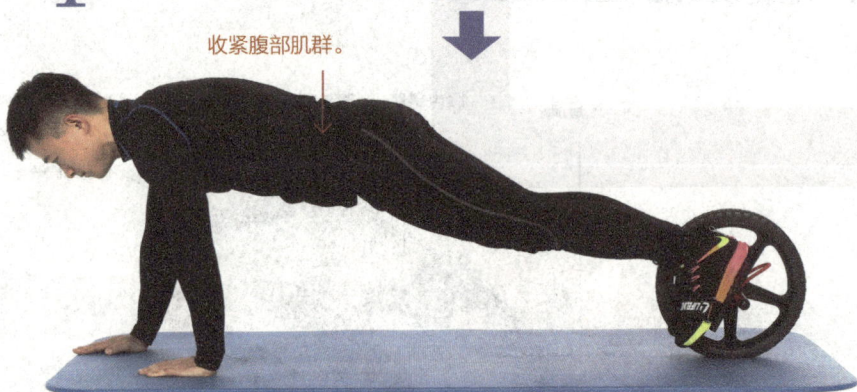

收紧腹部肌群。

2 然后身体保持挺直，手臂移动，一步一步，向前爬行。

point

整个动作过程中都要收紧核心肌群，不塌腰，不驼背，不左右晃！

扫二维码
观看动作视频

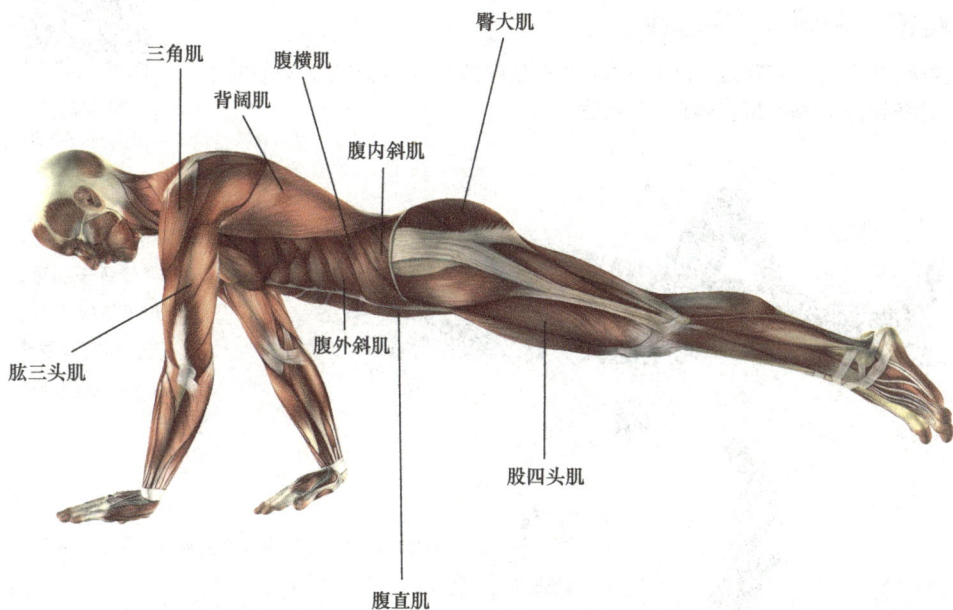

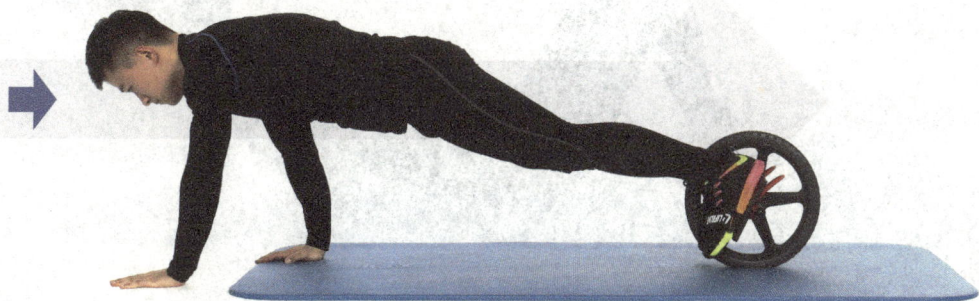

臀大肌

三角肌　　腹横肌

背阔肌

腹内斜肌

肱三头肌

腹外斜肌

股四头肌

腹直肌

3 继续交换手臂，以达到前进的目的。要注意的是，前进的时候要靠双臂的力量来带动身体移动，靠腹部的力量保证身体稳定。

锻炼目标

★ 腹直肌、腹内斜肌、腹外斜肌、腹横肌

辅助肌肉

★ 三角肌、肱三头肌、臀大肌、背阔肌、股四头肌

第3章

■ 哑铃－单腿V字两头起

这个动作通过收紧腹肌、稳定身体并提起腿部和上半身的方式，有效锻炼腹肌，同时也可以帮助塑造紧致的腹部线条。

扫二维码
观看动作视频

1 仰卧在瑜伽垫上，双手握哑铃置于头顶，手臂伸直放在地面上。右腿屈髋、屈膝支撑身体，左腿伸直放在垫上。

2 向上卷腹，同时抬起左腿，使左腿与双臂呈V字形。

卷腹时腰部贴地。

3 缓慢恢复至起始姿势，重复以上步骤至规定的次数，换另外一条腿伸直抬起，重复以上步骤。

锻炼目标

★ 腹直肌、腹外斜肌、腹内斜肌、腹横肌、髂腰肌

辅助肌肉

★ 背阔肌、股四头肌、肱三头肌

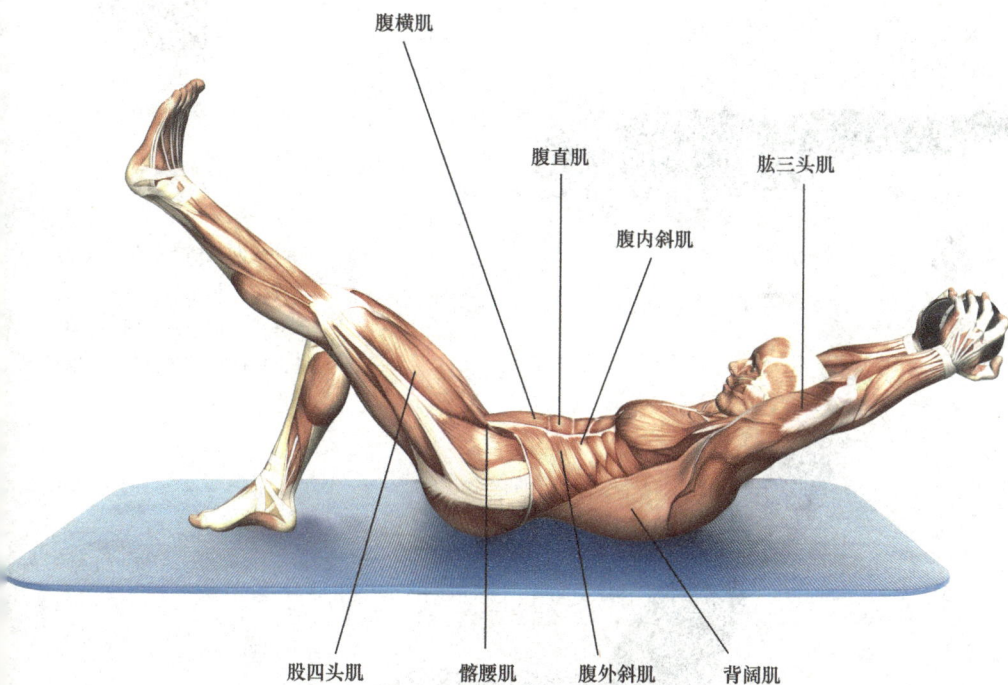

腹横肌

腹直肌

肱三头肌

腹内斜肌

股四头肌　　髂腰肌　　腹外斜肌　　背阔肌

point

● 若腰部、肩部有疼痛则不建议进行此练习。

● 练习时不要耸肩、弓背。

● 练习全程保持核心收紧、手臂伸直。

背面肌肉图

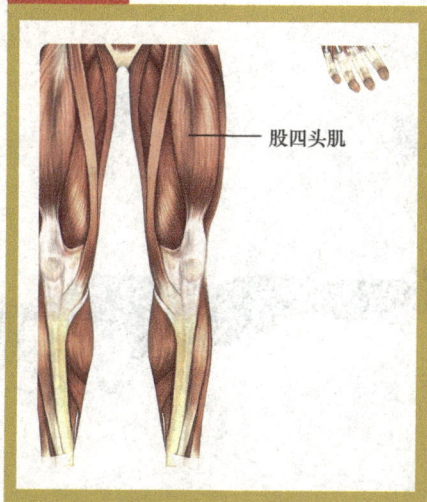

股四头肌

第3章

■ 仰卧－训练椅举腿

这个动作看似是训练腿部肌肉的动作，实则对下腹部的肌肉有很好的训练效果。

扫二维码
观看动作视频

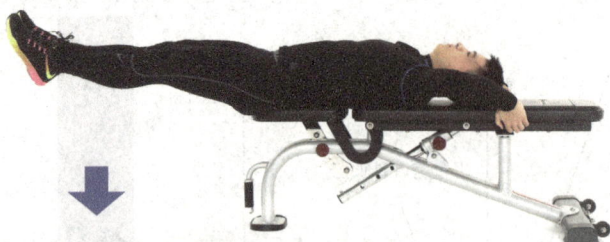

1 仰卧于训练椅上，躯干保持中立位，并贴紧训练椅，双手伸至头顶上方，抓住训练椅，身体呈一条直线，双腿伸直、悬空。

← 双腿伸直。

核心收紧。↓

2 核心收紧，双腿屈髋上抬并保持伸直。

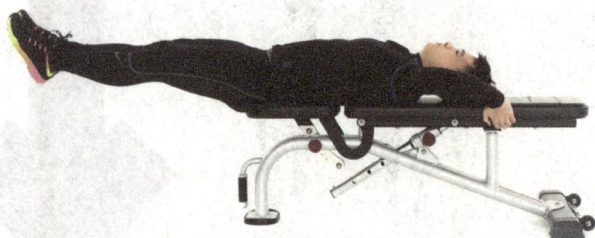

3 双腿缓慢下放，回到起始位置，重复以上步骤至规定次数。

锻炼目标

★ 腹直肌

辅助肌肉

★ 腹外斜肌、腹内斜肌、腹横肌、股四头肌、髂腰肌

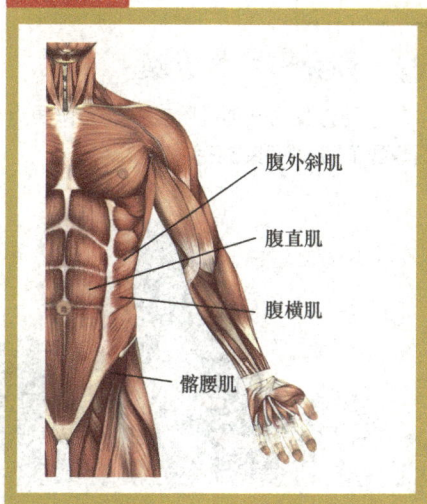

背面肌肉图

腹外斜肌

腹直肌

腹横肌

髂腰肌

动作变式

仰卧－训练椅举腿－进阶

核心肌群与屈髋肌群同时发力，髋关节屈曲，将身体抬至双腿大约与训练椅呈90°，继续将臀部抬起，直至仅上背部、头部贴于椅面。运动过程中保持身体稳定、可控，不要利用惯性做动作，防止受伤。

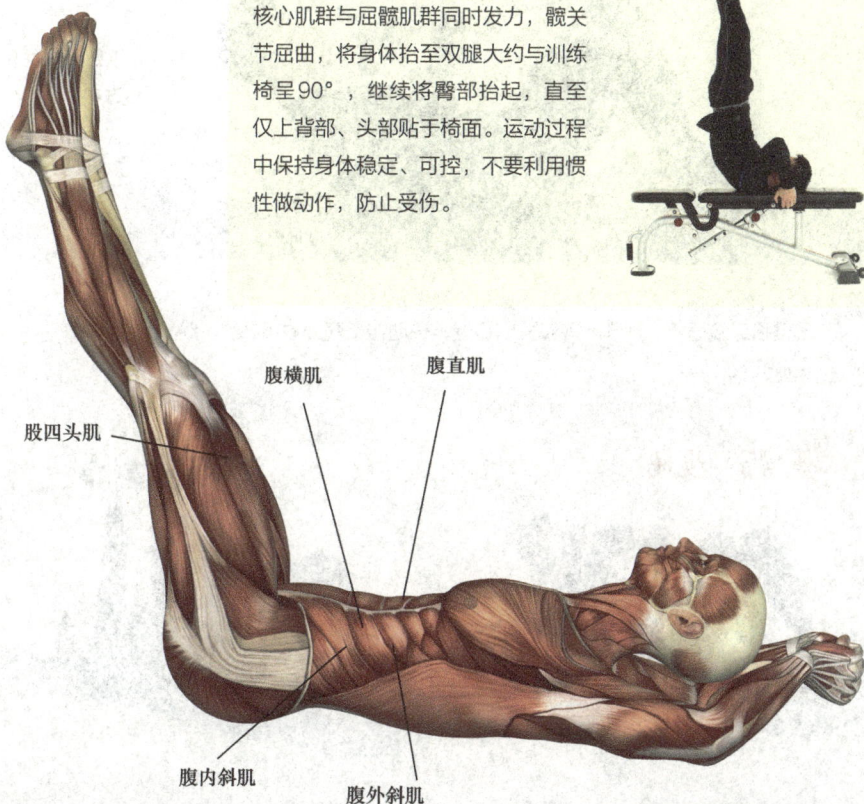

股四头肌

腹横肌

腹直肌

腹内斜肌

腹外斜肌

第3章

■ 哑铃－仰卧－推举卷腹

这个动作是卷腹的一种进阶变式，动作要点与一般卷腹大体相同。但在锻炼腹直肌的同时，也锻炼到了胸大肌和肱三头肌。

1 平躺在瑜伽垫上，双腿自然弯曲，脚掌贴于地面，一手握一个哑铃，放于胸前。

上背部与地面角度不超过45°。

2 慢慢抬起双肩和上背部，向膝关节靠近，在动作最高处停留2秒，然后放低双肩。

45° 视角

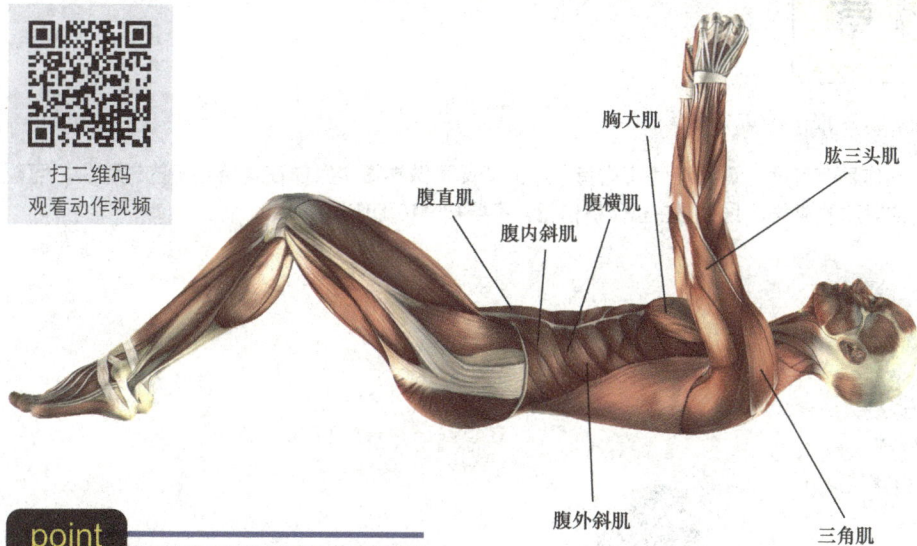

胸大肌

肱三头肌

腹直肌

腹横肌

腹内斜肌

腹外斜肌

三角肌

point

放下哑铃的过程中应控制速度，避免哑铃撞击到胸部。

3 缓慢放下上背部。然后双臂推举哑铃至双臂与地面垂直，停留1秒后，再放下手臂，回到起始动作。重复以上步骤至规定次数。

锻炼目标

★ 腹直肌、胸大肌、肱三头肌

辅助肌肉

★ 腹横肌、腹外斜肌、腹内斜肌、三角肌

第3章

■ 哑铃 – 仰卧 – 双重卷腹

这个动作稍有难度，需要在两头均有负重的情况下做卷腹。身体在维持平衡的过程中，可能存在发抖或晃动的现象，此时要注意保护自己，不要被哑铃砸伤。

扫二维码
观看动作视频

双手握一个哑铃放于胸前，膝关节间也夹一个哑铃。

1 首先，平躺在瑜伽垫上，背部紧贴瑜伽垫，双腿自然弯曲，脚掌贴于地面。双手握一个哑铃，放于胸前，膝关节间夹一个哑铃。

point

● 当腿部感觉发力不当的时候，要及时停止，避免哑铃滑落。

● 上身卷起的时候，脖颈不要用力，头不要向前伸。

45° 视角

★ 腹直肌

★ 腹横肌、腹外斜肌、腹内斜肌、股四头肌

大腿与小腿呈90°，大腿与地面垂直。

上背部抬起，角度不超过45°。

2 慢慢抬起双肩和上背部，向膝关节靠近，同时双腿慢慢向胸的方向移动至大腿与地面垂直，将腹部卷起。重复以上步骤至规定次数。

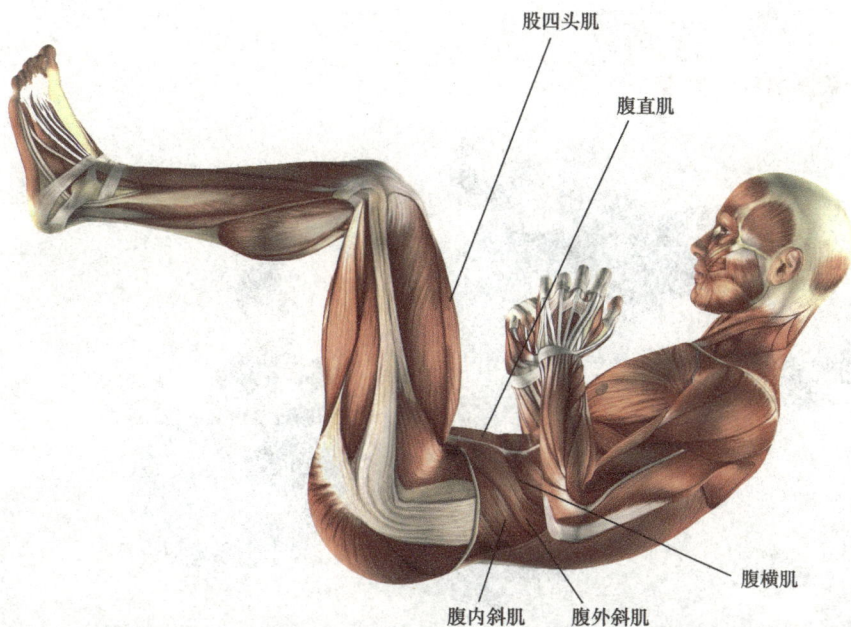

股四头肌

腹直肌

腹横肌

腹内斜肌

腹外斜肌

第3章 8周腹肌训练计划

第3章

■ 哑铃 – 瑞士球 – 仰卧 – 胸前卷腹

这个动作可以在维持平衡的同时帮助身体控制腹部乃至周围提供稳定的小肌肉群,这将有助于保护腰椎,对腹部肌肉有非常好的塑形效果。

让背部贴紧在
瑞士球上。→

1 上身躺在瑞士球上,贴合球面。双脚稳固地踩在地面上,膝关节屈曲。臀部降低,腹部肌肉处于被拉伸状态,脖子始终保持不动。双手握一个哑铃,放于胸前。

point

臀部下沉时尽量减少胸腔和骨盆的距离,抬起臀部时尽量让它们远离。

→ **45° 视角**

臀部下沉，膝关节
微微向前顶出。

2 然后臀部固定不动，卷腹，肩膀向上抬，直到上身与
地面约呈45°。下背部要始终与瑞士球接触。保持
该姿势1秒后有控制地回到起始动作。重复以上步骤
至规定次数。

腹直肌

股四头肌

扫二维码
观看动作视频

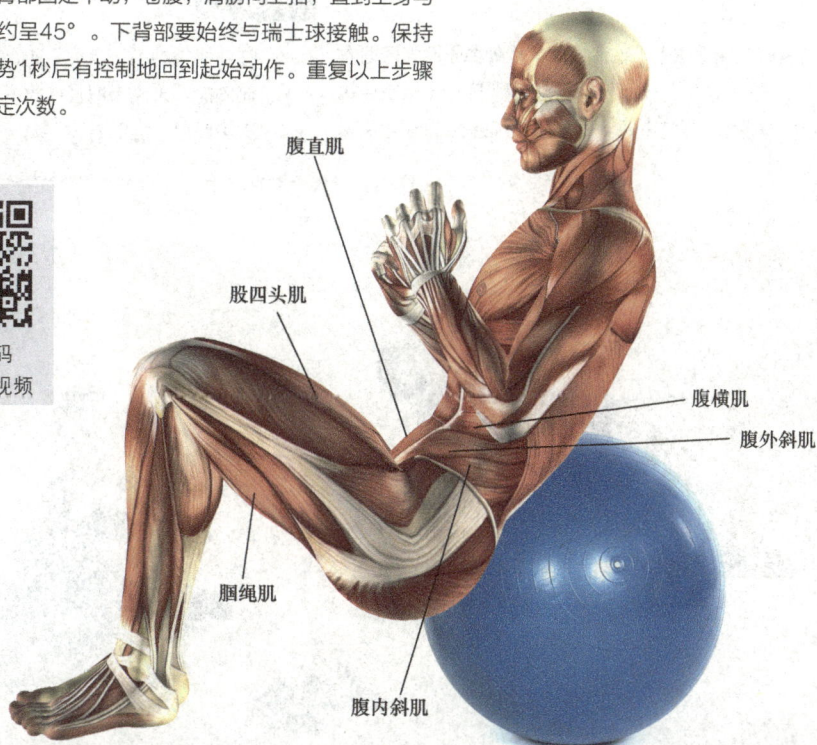

腹横肌

腹外斜肌

腘绳肌

腹内斜肌

第3章

■ 哑铃 – 瑞士球 – 仰卧 – 头上卷腹

这个动作对腹部力量有较高的要求。卷腹过程中双手避免发力代偿，大部分的发力点要放在腰腹上。

让背部贴紧瑞士球。

1 上身躺在瑞士球上，贴合球面。双脚稳固地踩在地面上，膝关节屈曲。臀部降低，腹部肌肉处于被拉伸状态，脖子始终保持不动。双手握一个哑铃，放于额头。

point

在空中控制不了自身平衡、有滑落的倾向时，可直接把哑铃放下或抛出，以更好地维持平衡。

➡ **45° 视角**

★ 腹直肌、腹横肌、腹内斜肌、腹外斜肌

★ 股四头肌、腘绳肌

在卷腹的最大幅度，
要保持腹肌的紧张。

2 保持臀部固定不动，卷腹，肩膀向上抬，直到上身与地面约呈45°，下背部要始终与瑞士球接触。该过程保持1秒后有控制地回到起始动作。重复以上步骤至规定次数。

扫二维码
观看动作视频

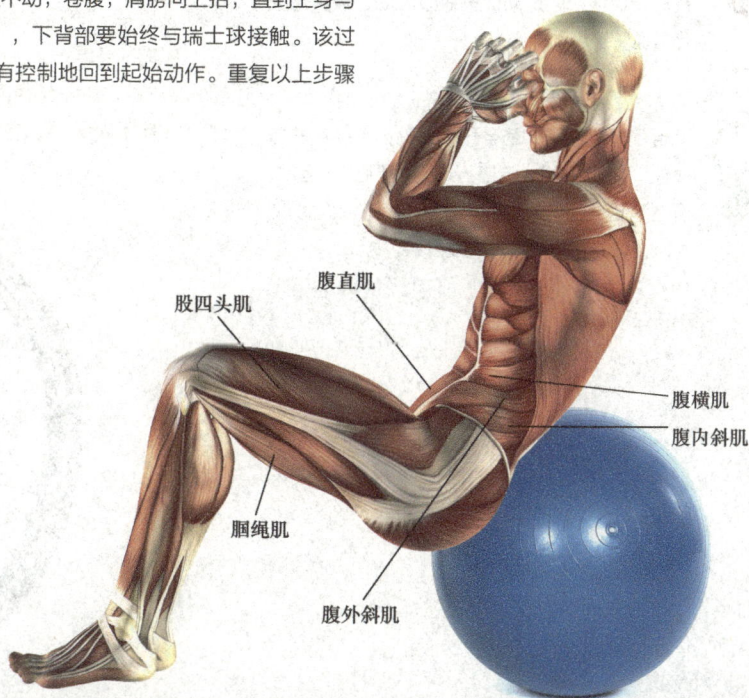

股四头肌

腘绳肌

腹直肌

腹横肌

腹内斜肌

腹外斜肌

第3章

8 周腹肌训练计划

第3章

3.4 第7～8周：负重训练，大功告成

负重训练是促进肌肉增长的有效手段。在上一阶段的练习中，腹部肌肉的线条逐渐成形，但肌肉块还很小，不够清晰。因此这一阶段充分刺激腹肌，使其体积增长是主要目标。巧克力腹肌由此练成，大功告成！

腹肌的负重训练可以利用实心球、哑铃、壶铃和杠铃片等达到增加负荷的目的。

第一步

40 ～ 60 分钟有氧运动——自行车

自行车运动能够训练到全身的肌群，也非常有益于增强心肺功能。此外，它有助于改善人体的平衡性、节奏感、肌肉耐力，从而燃烧脂肪，提高内脏器官机能。

自行车是增强心脏功能的最佳工具之一。骑自行车能借腿部的运动促进血液流动，极大地强化微血管组织。

骑自行车能预防大脑老化，提高神经系统的敏捷性。医学表明，骑自行车是异侧支配运动，通过两腿交替蹬踏，可使左侧、右侧大脑功能同时得以开发，防止早衰及痴呆。

选择一个舒适的车座且呈水平，或者略微向下倾斜一点。因为车座向上翘会压迫臀部动脉。选择比较宽的车座，这种车座承受骨盆重量的效果更好。

● 尽量不要在人多车多的马路上长时间骑行。除了存在安全隐患外，吸入的空气也不利于身体健康。

● 自行车的高度及轮胎大小要适合自己的身形。舒适的使用感很重要。

身体前倾可使阻力减小。但在
← 骑行过程中应经常提起上身，
以促进血液循环。

尽量确保膝关节不完全伸直，否
则容易对膝关节造成伤害。

第 3 章

8 周腹肌训练计划

第 3 章

第二步

40 ～ 60 分钟虐腹练习

总时长		动作次数		间歇时长
建议隔天练习一次，每次不低于40分钟。	➡	单个动作做20次左右，可均分为3组进行。	➡	单组之间休息不超过1分钟，不同项目之间不超过5分钟。

■ 平板支撑 – 对侧支撑

这个练习在平板支撑的基础上减少了支撑点，增加了身体的不稳定性，对腹部两侧的肌肉有更好的锻炼效果。

头部、躯干和下肢始终保持中立位，呈一条直线。

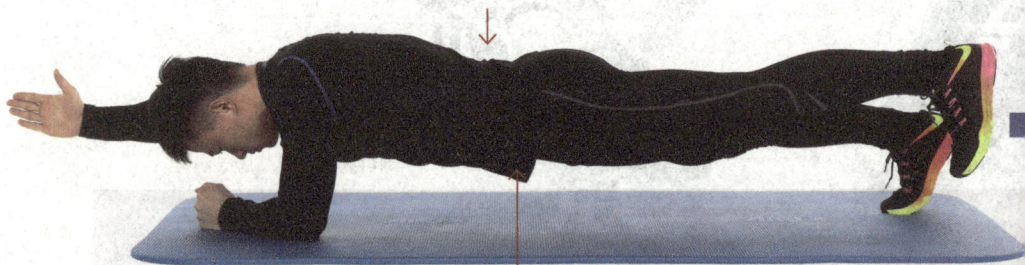

腹部发力，拉紧全身。

1 俯撑在垫子上，核心收紧，躯干保持不动。同时抬起一侧手臂和对侧腿，呈两点支撑。

point

身体尽量不要左右倾斜、旋转，保持核心收紧。

★ 腹直肌、腹横肌、腹内斜肌、腹外斜肌、臀大肌

★ 三角肌、股四头肌、肱三头肌、腘绳肌

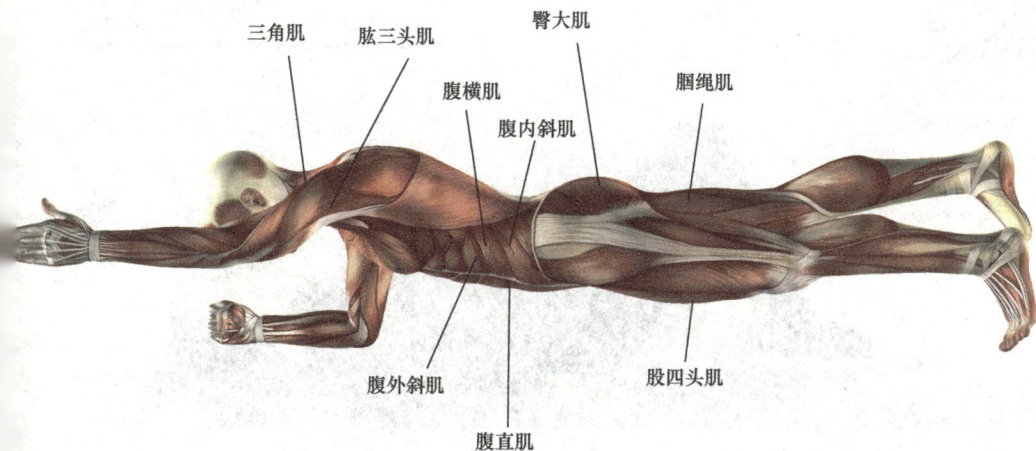

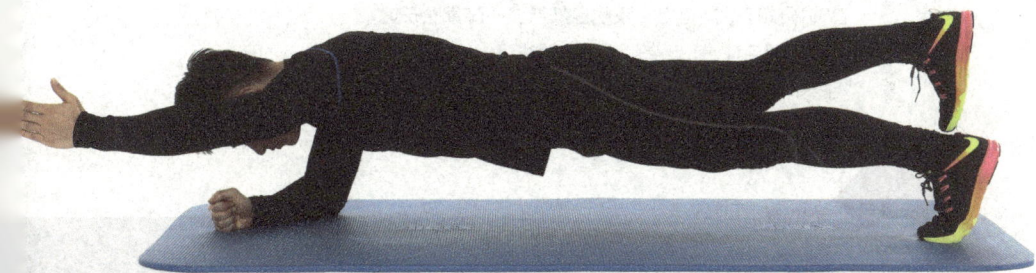

三角肌　肱三头肌　　　臀大肌

腹横肌　　　　　腘绳肌

腹内斜肌

腹外斜肌　　　　股四头肌

腹直肌

2 坚持1~3秒，换另一侧手臂和脚抬起。要注意换脚时，脚尖落地的位置不要发生变化。重复以上步骤至规定次数。

第 3 章

8 周腹肌训练计划

第3章

■ 哑铃 – 仰卧 – 反向卷腹

反向卷腹是卷腹的一种变式，用下腹部肌肉的力量拉起下半身。膝关节间负重使这个动作的难度加大。

扫二维码
观看动作视频

point

抬起双腿的时候下背部贴紧垫面。

1 首先平躺在瑜伽垫上，双腿自然弯曲，脚掌贴于地，双膝之间夹住一个哑铃，双臂微微展开，手心朝下，贴于地面。

45° 视角

锻炼目标

★ 腹直肌

辅助肌肉

★ 腹横肌、腹内斜肌、腹外斜肌、股四头肌

← 双膝夹紧哑铃。

2 收缩下腹部肌肉，慢慢地让膝关节朝胸部靠近，同时让臀部离开瑜伽垫。尽可能地卷曲身体下部，然后慢慢地还原至垫上，回到起始位置。重复以上步骤至规定次数。

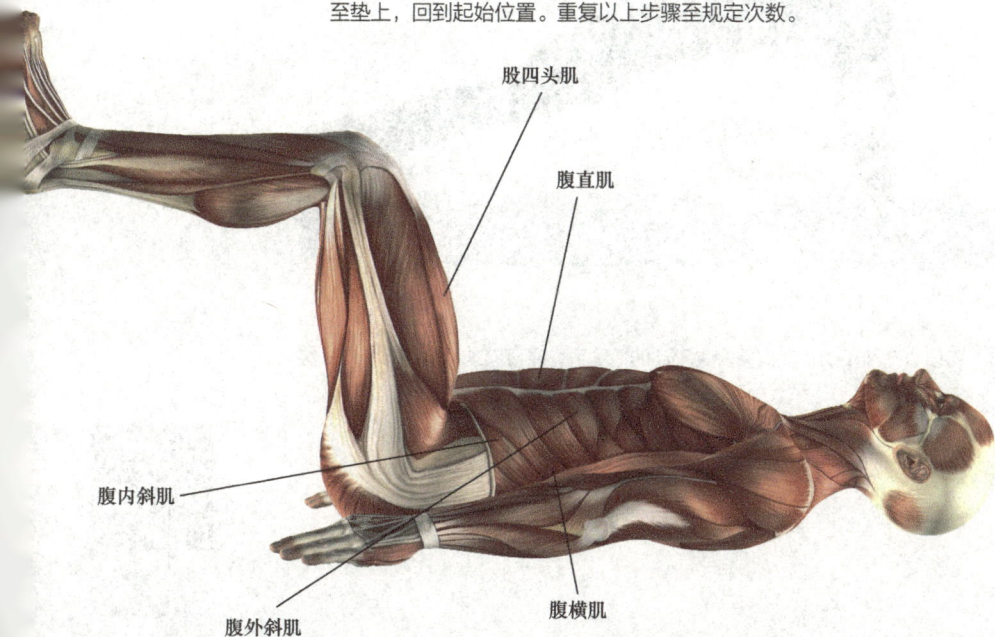

股四头肌

腹直肌

腹内斜肌

腹外斜肌

腹横肌

第3章

■ 俯卧撑轮－手脚走

这个动作需要腹部肌肉进行离心和向心收缩，可以很好地锻炼腹部肌肉的力量与耐力，对塑形有很大好处。

point

动作过程中，肩部和手臂始终保持绷紧的状态。

膝关节微屈，使肌肉被过度拉伸的不适感得到缓解。

1 双手持俯卧撑轮，向下弯腰部，将轮置于脚尖前方的瑜伽垫上。柔韧性较差的人，膝关节可以微微弯曲以缓解不适。两只俯卧撑轮应对齐，掌心向内。

始终保持双手位于双肩正下方

2 将重心向前移动，在保持脚尖不动的情况下，径直向前推出俯卧撑轮，使身体伸展开。

扫二维码
观看动作视频

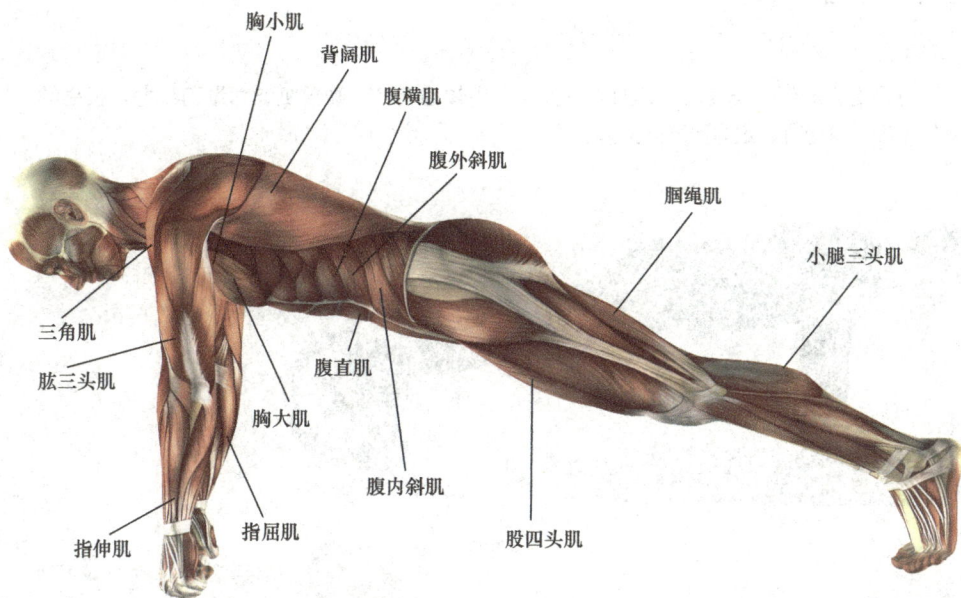

胸小肌
背阔肌
腹横肌
腹外斜肌
腘绳肌
小腿三头肌
三角肌
肱三头肌
腹直肌
胸大肌
腹内斜肌
股四头肌
指伸肌
指屈肌

3 当推到身体可以承受的最远距离时，双手保持稳定，双脚交替向前小步走。
重复以上步骤至规定次数。

锻炼目标

★ 腹直肌、腹横肌、
三角肌、背阔肌

辅助肌肉

★ 腹外斜肌、腹内斜肌、胸大肌、胸小肌、肱三头肌、
指伸肌、指屈肌、股四头肌、腘绳肌、小腿三头肌

第3章

■ 腹肌轮 – 俯卧撑 – 屈膝躯干折叠

这个练习是复合动作，难度较大，对手臂力量、身体稳定性、腹部肌肉力量和耐力有很高的要求。因此该练习适合有一定力量基础的人。

1 首先，双脚固定在腹肌轮上，双手手心朝下，手臂垂直于地面，呈俯撑姿势，用双臂和双脚控制平衡。

← 双臂间距与肩同宽。

2 然后手臂屈曲，身体降低到靠近地面，收紧腹部，保持身体在一条直线上。

动作全程保持全身挺直。

point

膝关节向身体方向运动时呼气，回到起始动作时吸气。

3 双臂发力将身体推起，回到起始动作。

锻炼目标

★ 腹直肌、胸大肌、肱三头肌

辅助肌肉

★ 腹横肌、腹外斜肌、腹内斜肌、三角肌、髂腰肌、股四头肌、胸小肌

扫二维码
观看动作视频

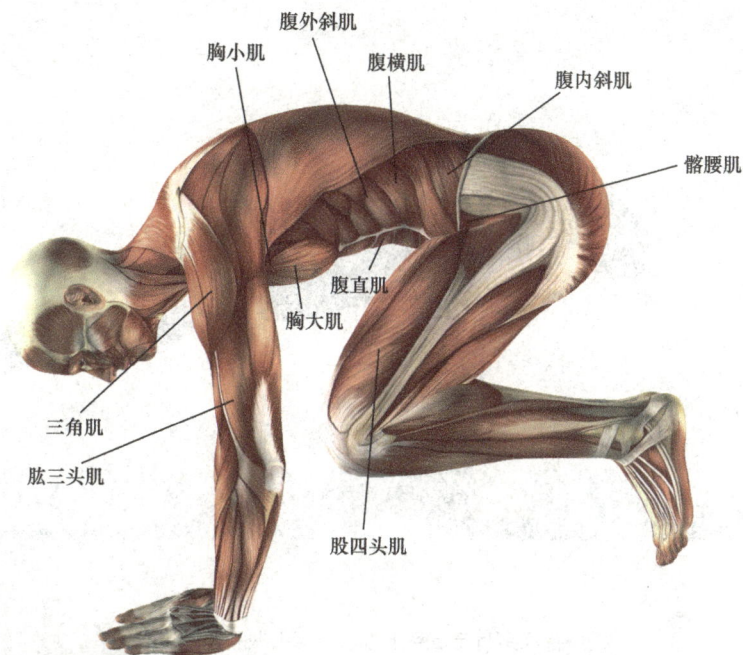

胸小肌
腹外斜肌
腹横肌
腹内斜肌
髂腰肌
腹直肌
胸大肌
三角肌
肱三头肌
股四头肌

4 腹部肌肉收缩，将双膝向腹部的位置收，同时背部拱起。在最大幅度的姿势上保持1秒。然后缓慢伸直双腿，使腹肌轮向后滚动，直到起始位置。重复以上步骤至规定次数。

第3章

■ 腹肌轮 – 直膝躯干折叠

这个动作的难度很大，需要有控制地、缓慢地完成动作，并保持均匀的呼吸。

头部、背部、臀部
在一条直线上。
↓

扫二维码
观看动作视频

1 首先，将腹肌轮固定在两脚之间，双手撑地位于肩部正下方，与肩同宽。腹部肌肉保持收缩，使头、背和臀部在一条直线上。

point

● 两脚在腹肌轮上要完全伸展开来，动作全程尽量保持双膝伸直。

● 身体上抬的时候要注意，保持肩和手臂的位置稳定，这样有助于练习者保持稳定。

锻炼目标

★ 腹直肌

辅助肌肉

★ 腹横肌、腹外斜肌、腹内斜肌、肱三头肌、三角肌、髂腰肌、股四头肌、胫骨前肌

过程中头部不动，目视地面。

背部微微拱起，腿部保持伸直。

2 双腿保持伸直，抬高臀部，将腹肌轮向前拉动，直到臀部抬不上去为止。在最高点停留1秒。最后慢慢放下臀部，回到起始动作。重复以上步骤至规定次数。

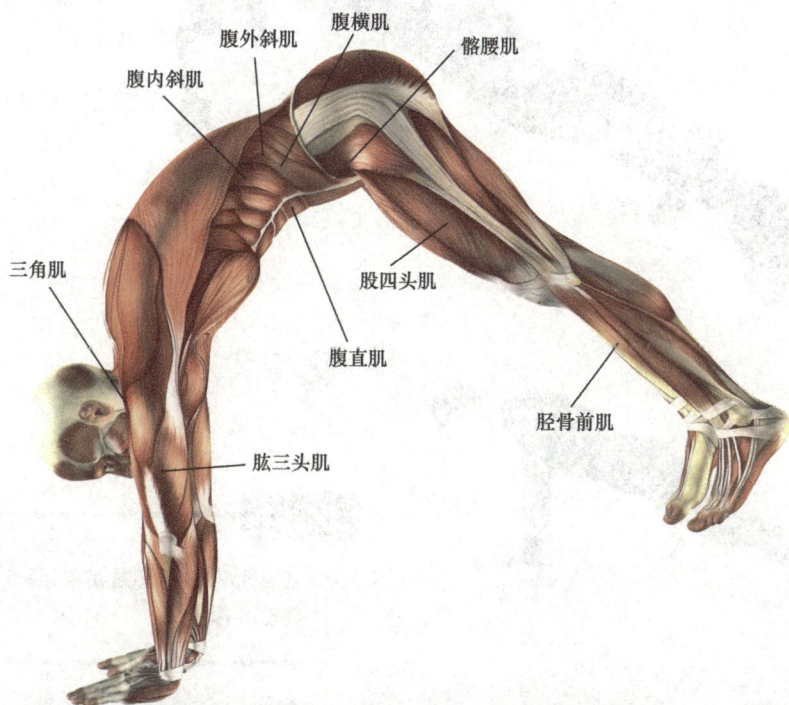

腹外斜肌
腹横肌
腹内斜肌
髂腰肌
三角肌
股四头肌
腹直肌
胫骨前肌
肱三头肌

第 3 章

8 周腹肌训练计划

109

第3章

■ 双臂交替后拉

这个动作过程中需要腹部肌肉收紧，保持身体稳定、骨盆水平，可以有效锻炼腹肌，同时还可以锻炼背部肌肉，塑造更好的身材。

不要塌腰。→

1 双手各持一个壶铃并紧握把手支撑于地面，双臂伸直，垂直于地面，双脚分开，使用前脚掌撑地，身体呈平板姿势。

肘关节高于背部。
↓

2 保持身体姿势不变，一侧手臂向上屈曲至肘关节高于背部，同时保持壶铃底部朝下。

3 手臂下放，恢复至起始姿势。

point

注意练习时避免骨盆旋转，保持骨盆水平。

背面肌肉图

斜方肌

菱形肌

竖脊肌

背阔肌

三角肌

肱三头肌

肱二头肌

腹外斜肌

腹直肌

腹横肌

腹内斜肌

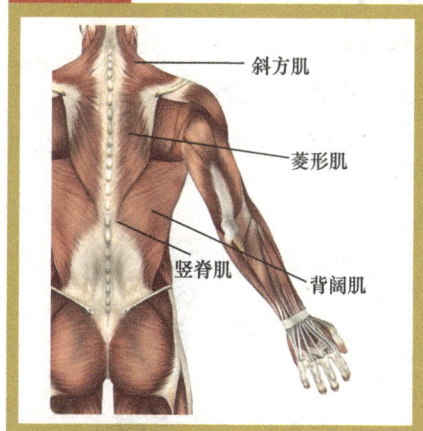

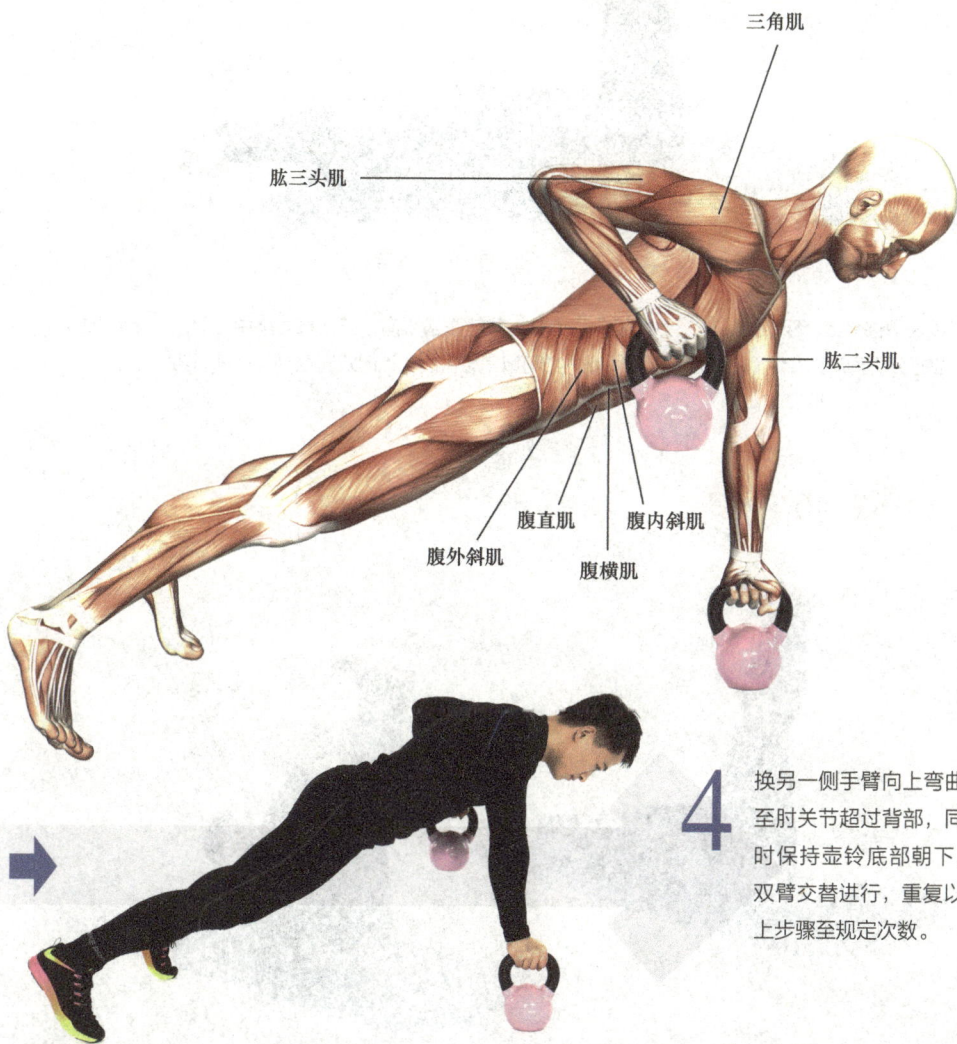

4 换另一侧手臂向上弯曲
至肘关节超过背部，同
时保持壶铃底部朝下。
双臂交替进行，重复以
上步骤至规定次数。

第 3 章

■ 哑铃 – 仰卧 – 直腿过顶卷腹

直腿过顶卷腹在卷腹的基础上加上了直腿屈髋，也可以理解为将直腿卷腹和过顶卷腹结合起来的动作。

扫二维码
观看动作视频

背部要紧贴瑜伽垫。

1 躺在瑜伽垫上，双手握一个哑铃放于头顶上方，收缩腹部肌肉，把注意力集中在腹部，用腹部的力量把双腿同时抬离地面。腿部抬起时，膝关节可以稍微弯曲，抬起双腿至约与地面垂直。

➡ 45° 视角

★ 腹直肌

★ 腹横肌、腹外斜肌、腹内斜肌、股四头肌

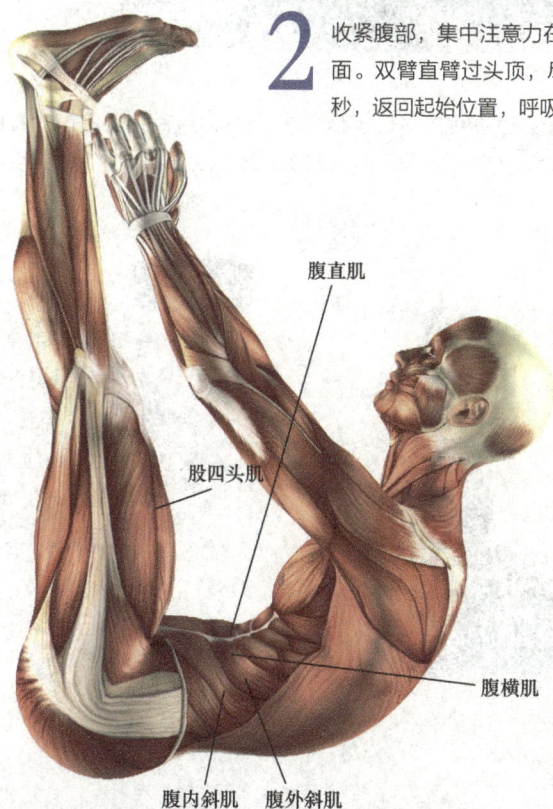

膝关节可以稍稍弯曲。→

← 起身角度不超过45°。

2 收紧腹部，集中注意力在腹部，用腹部的力量抬起身体离开地面。双臂直臂过头顶，尽量向脚尖处伸，然后紧缩腹部停顿1秒，返回起始位置，呼吸。重复以上步骤至规定次数。

腹直肌

股四头肌

腹横肌

腹内斜肌　腹外斜肌

第 3 章

8 周腹肌训练计划

第 3 章

■ 哑铃 – 仰卧 – 直腿卷腹 – 旋转

直腿卷腹旋转和直腿过顶卷腹的动作很像，区别在于，身体在向上的时候，单臂持哑铃上举并完成卷腹。这个动作可以很好地锻炼腹部侧面的肌肉。

扫二维码
观看动作视频

1 平躺在瑜伽垫上，收缩腹部肌肉。把注意力集中在腹部，用腹部的力量把双腿同时抬离地面。腿部抬起时膝关节可以稍微弯曲，抬起的角度约为90°。一只手手心朝下贴在垫上，控制重心，另一只手握哑铃并垂直于地面。

正面视角

point
- 另一侧手臂尽量保持紧贴地面，保持身体稳定。
- 整个动作过程应该是缓慢而有控制的。

锻炼目标

★ 腹直肌、腹横肌、腹内斜肌、腹外斜肌

辅助肌肉

★ 胸大肌、三角肌、背阔肌、前锯肌、股四头肌、胫骨前肌

2 用腹部力量抬起右侧上背部，向左侧扭转腰部，使右臂向左侧伸展，哑铃向左脚移动，然后缓慢回到起始动作。重复以上步骤至规定次数。

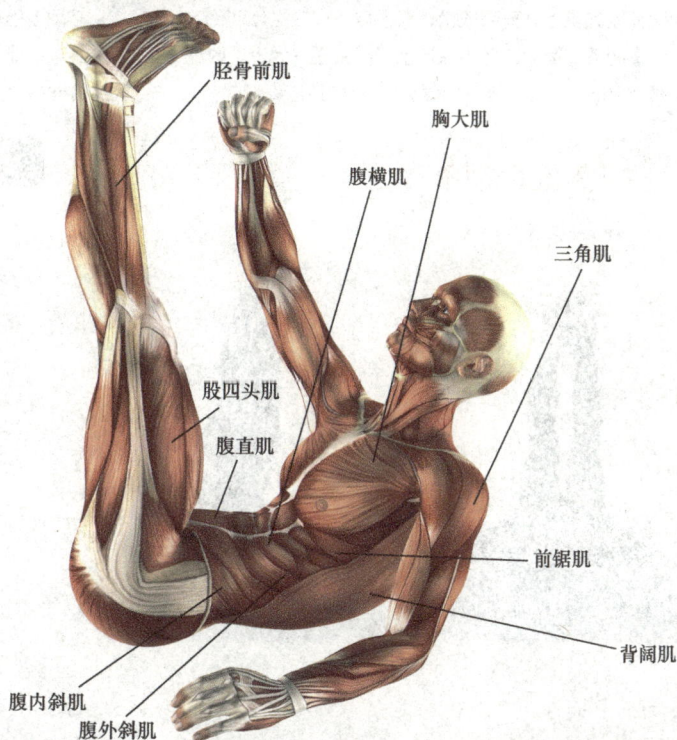

膝关节可以稍稍弯曲。

胫骨前肌

胸大肌

腹横肌

三角肌

股四头肌

腹直肌

前锯肌

背阔肌

腹内斜肌

腹外斜肌

第3章

■ 哑铃 - 仰卧 - 螺旋举腿

这个动作主要是针对下腹部的，并且通过抬起并转动臀部可以很好地锻炼腹部两侧肌肉。腿始终在垂直方向做提升和降落。

脚间夹一个哑铃负重。

上抬的过程中尽量保持身体稳定。

1 躺在瑜伽垫上，背部放松，双手自然放在身体两侧，手掌朝下。运动过程中保持上背部紧压在地上，收缩腹部肌肉，抬起双腿，双脚夹住一个哑铃。

2 轻微上抬臀部。当感觉腹部完全卷起，臀部不能继续往上抬的时候，臀部向左转动。

正面视角

point

● 一定不要让双腿来拉动腹部。把注意力放在下腹部肌肉的收缩上。

● 尽量保持腿部在垂直方向上移动，否则不利于稳定住哑铃。

★ 腹直肌、腹横肌、腹内斜肌、腹外斜肌

★ 股四头肌、胫骨前肌

正面肌肉图

腹外斜肌

腹内斜肌

腹直肌

腹横肌

股四头肌

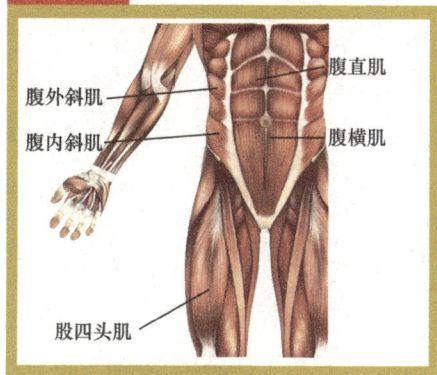

3 臀部向另一个方向转动，然后回到起始动作。在抬起和转动臀部的时候呼气，返回到起始位置的过程中吸气。重复以上步骤至规定次数。

扫二维码
观看动作视频

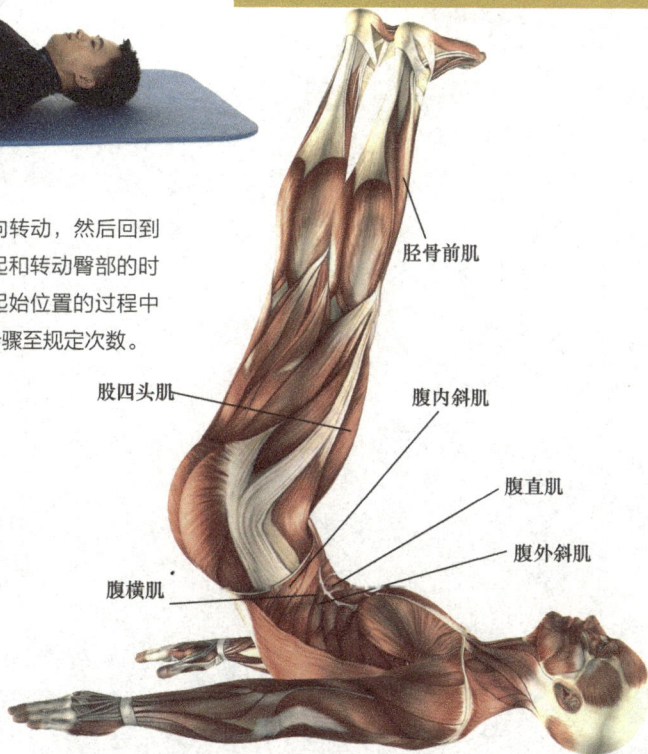

胫骨前肌

股四头肌

腹内斜肌

腹直肌

腹外斜肌

腹横肌

现在，你已经拥有了值得骄傲的巧克力腹肌，是时候向别人展示一下了！然而值得注意的是，健身是一个长期坚持的过程，肌肉的保持是坚持训练的结果。在练出腹肌后，如果放任自己、停止训练，很快就会出现肌肉体积下降和肌力降低等现象。"练出腹肌"只是第一步，接下来还有很大的进步空间，因此要继续练习，探索适合自己的训练方法，让傲人的腹肌线条越来越清晰！